수학전대 매스레인저 3
평행선 코브라의 독

초판 인쇄	2010년 7월 27일
초판 발행	2010년 8월 5일
지은이	최승현 홍소진 방지연 전진석
발행인	정은영
책임편집	김은미
일러스트	진아라
디자인	씨오디
펴낸곳	마리북스
출판등록	2007년 4월 4일 제 300-2007-58호
주 소	서울시 마포구 서교동 366-24 대덕빌딩 304호
전 화	02) 324-0529 · 0530
팩 스	02) 324-0531
홈페이지	www.maribooks.com
출 력	스크린출력센터
찍은곳	재원프린팅
ISBN	978-89-94011-18-9 74410
	978-89-959965-8-4 (세트)

※ 이 책은 마리북스가 저작권자와의 계약에 따라 발행한 것이므로
  본사의 허락 없이는 어떠한 형태나 수단으로도 이용하지 못합니다.
※ 잘못된 책은 바꿔 드립니다.
※ 가격은 뒤표지에 있습니다.

평행선 코브라의 독 ③

최승현(한국교육과정평가원) 지음
방지연 각색 · 진아라 그림

마리북스

작가의 말

주제별·수준별 맞춤식 수학 공부

'수학은 연계 학습이다.'

이게 무슨 말이냐고요? 여러분이 초등학교 때 사칙 연산을 배웠다고 해 봐요. 그러면 중학교 때는 이 사칙 연산이 좀 더 어려워질 뿐이고, 고등학교 때는 중학교 때보다 더 복잡해질 뿐이라는 것이죠. 이 비밀만 안다면 수학을 아주 쉽고 재미있게 공부할 수 있습니다.

그래서 수학은 주제별로 흐름을 짚어 가며 공부하는 것이 중요해요. 초등학교 수학 교과 과정에서 수학의 주제별 학습을 강조하는 것도 바로 이런 이유 때문이지요.

이 책은 수와 연산, 도형, 측정, 규칙성과 문제 해결, 확률과 통계 다섯 가지 영역으로 구성되었어요. 매스레인저 친구들이 여러분 각자의 수학 실력과 흥미에 맞춰 수학을 정복하는 방법을 알려 줄 거예요.

만약 새로운 내용을 공부할 때 어렵다고 느껴지면 그 부분을 반복해서 보면서 바로바로 해결해야 합니다. 그렇지 않으면 어려움이 차곡차곡 쌓여, 어느새 수학을 어려운 과목으로 생각하게 될 테니까요.

자, 그럼 매스레인저 친구들이 펼치는 신 나고 재미있는 수학의 세계로 함께 떠나 봐요!

한국교육과정평가원 **최승현**

매스레인저와 떠나는 새로운 수학 여행

여러분은 매스레인저 1, 2권에서 대성이와 함께 수와 연산의 세계를 공부했을 거예요.

수학을 만나 보니 어땠나요? 처음에는 어렵게 느껴지던 수학이 조금씩 친근하게 다가오지 않았나요? 문제를 풀고 나서 성취감을 충분히 느꼈나요? 만약 그러했다면 여러분은 매스레인저가 될 소질이 충분합니다.

3권과 4권에서는 대성이가 지금까지와는 전혀 다른 새로운 모험을 하게 됩니다. 그 뿐만이 아니라 도형이라는 새로운 학습 단계를 접하게 되지요.

제가 어렸을 때는 사칙 연산을 하다가 갑자기 도형을 배우려니까 무척 낯설었어요. 그래도 삼각형, 사각형, 원 등은 주위에서 흔히 볼 수 있는 것이라 어렵지 않다고 생각했지요. 하지만 막상 접해 보니 헷갈리고 쉽지 않았습니다.

이러한 저의 어린 시절의 경험을 되살려 여러분이 《수학전대 매스레인저》를 통해 도형 공부를 쉽고 재미있게 할 수 있도록 많은 노력을 기울였습니다. 도형에 대해 전혀 모르는 대성이와 함께 여러분도 쉽고 재미있게 공부할 수 있을 거예요.

매스레인저들은 악신들로부터 강 박사님과 친구들을 지키기 위해 오늘도 열심히 달립니다. 도형 공부를 열심히 하면 여러분의 매스에너지가 대성이와 다른 친구들에게 큰 힘이 되어 줄 거예요.

자, 이제부터 매스레인저를 따라 특별한 모험의 시간으로 떠나 볼까요?

소설가 방지연

차례

작가의 말 . . . 4
도형 완전 정복 . . . 8
도형 친밀도 테스트 . . . 10
등장인물 . . . 12

 **1화 수학의 나라 인도로 가다** 16
완전 정복 1단계 점, 선, 면, 여러 가지 각(2~6학년)

 **2화 심훈 박사를 만나다** 48
완전 정복 2단계 수직, 수선, 평행(3~6학년)

 **3화** **비밀의 산 히시야스** 80
　　　완전 정복 3단계 원(3~6학년)

 **4화** **삼각형의 시련** 110
　　　완전 정복 4단계 여러 가지 삼각형(3~6학년)

5화 **마지막 관문** 138
　　　완전 정복 5단계 여러 가지 사각형(4~6학년)

 정답 ... 172

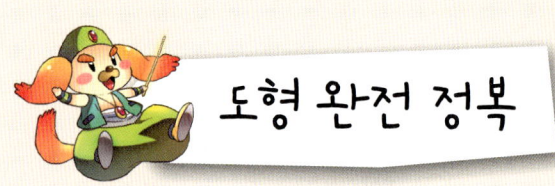
도형 완전 정복

3권

1단계(2~6학년)
- 점, 선, 면
- 여러 가지 각

2단계(3~6학년)
- 수직
- 수선
- 평행

3단계(3~6학년)
- 원

4단계(3~6학년)
- 삼각형
- 이등변 삼각형
- 정삼각형

5단계(4~6학년)
- 사다리꼴
- 평행 사변형
- 마름모
- 직사각형
- 정사각형

4권

6단계 (5~6학년)
- 대칭
- 합동
- 닮음

7단계 (5~6학년)
- 도형의 이동
- 테셀레이션
- 프렉탈

8단계 (5~6학년)
- 구
- 뿔
- 기둥

9단계 (6학년)
- 다면체와 소마큐브

10단계 (1~6학년)
- 도형 종합

도형 친밀도 테스트

여러분은 도형 나라와 어떤 사이일까요? 다음 질문에 답해 보세요.

예　아니요

- 나는 화장실에 앉아 응가를 하면서 화장실의 반복되는 타일을 뚫어지게 관찰하다가 눈알이 빠질 뻔한 적이 있다. (테셀레이션)　☐　☐
- 급식판의 음식을 담는 곳이 원과 사각형으로만 되어 있는 것에 불만을 느낀 적이 있다. (여러 가지 도형)　☐　☐
- 《이상한 나라의 앨리스》를 읽으며 다이아몬드의 여왕에게 정이 갔다. (사각형)　☐　☐
- 도형자를 대고 똑같은 모양만 여기저기 옮겨 다니며 그리다가 엄마에게 혼난 적이 있다. (도형의 이동)　☐　☐
- 강아지를 그릴 때 얼굴은 원, 귀는 삼각형, 몸통은 사각형, 다리는 선만으로 끝내서 유치하다는 얘기를 들은 적이 있다. (여러 가지 도형)　☐　☐
- 엄마의 물방울무늬 옷을 보고 점을 연결하여 도형을 그리고 싶다는 생각을 해 본 적이 있다. (점판)　☐　☐
- 아빠의 줄무늬 옷을 보며 나란한 선이라고 느낀 적이 있다. (평행)　☐　☐
- 네모난 색종이만 보면 가위로 난도질을 해서 여러 가지 도형으로 만들어 놓는다. (도형판)　☐　☐
- 친구의 얼굴을 보고 각졌다고 놀린 적이 있다. (각)　☐　☐
- 친구가 그린 반듯한 별을 보며 '와 예쁘다.'라기보다는 '저 별의 뾰죽한 부분을 자르면 삼각형과 오각형이 나올 텐데……'라고 생각한 적이 있다. (여러 가지 도형)　☐　☐
- 자에 난 원 모양의 구멍에 손가락을 넣고 자를 빙글빙글 돌리다가 뾰족한 부분에 얼굴을 긁힌 적이 있다. (회전체)　☐　☐
- 아이스크림콘을 들고 '이것 봐, 원뿔이야!'라며 기쁨에 차서 친구에게 보여 주었다가 친구가 먹어 버린 적이 있다. (입체 도형)　☐　☐

- 친구들의 얼굴을 보며 타원, 원, 사각형, 역삼각형, 삼각형으로 분류하다가 선생님께 혼난 적이 있다. (여러 가지 도형)

- 편 가르기를 할 때 가위바위보 대신 손바닥으로 '뒤집었다 엎었다'를 하는 척하며, 싫어하는 친구의 손등을 내리친 적이 있다. (도형 뒤집기)

- 미술 시간에 그림 그리기가 싫어서 물감을 한쪽에 뿌리고 도화지를 확 접어 버렸다가 선생님께 혼나고 다시 그린 적이 있다. (대칭)

- 선생님이 쓰시는 분필을 보며 '원기둥이 움직인다!'라고 넋이 나가 있다가 침을 흘린 적이 있다. (입체 도형)

- 쌍둥이 친구들의 얼굴이 정말 똑같은지 궁금해서 얼굴을 맞대게 해 보다가 쌍둥이들에게 맞은 적이 있다. (합동)

여러분은 도형 나라와 어떤 관계일까요?

'예'라고 답한 개수	
14~17개 왕	**당신은 전생에 도형 나라의 왕이었습니다.** 이제 자신의 신분을 깨닫고 도형 나라로 돌아갈 때가 왔습니다. 다시 도형 나라의 왕좌에 오르시기를 바랍니다. 그러나 왕좌를 노리는 사람이 많으니 늘 긴장하시기 바랍니다.
9~13개 귀족	**당신은 전생에 도형 나라의 귀족이었습니다.** 도형 나라의 번성을 위해 다시 한 번 힘쓸 때입니다. 당신의 실력을 보여 주세요. 단, 위로는 나보다 뛰어난 왕이 있고, 아래로는 나를 능가하고자 노력하는 서민이 있다는 것을 명심하세요.
4~8개 서민	**당신은 전생에 도형 나라의 서민이었습니다.** 그러나 걱정 마세요. 이 책을 다 읽고 나면 어느새 도형 나라의 왕좌를 노릴 수 있는 실력가가 되어 있을 것입니다. 먼저 귀족의 자리부터 올라 보세요.
0~3개 외국인	**당신은 전생에 도형 나라의 옆에 있는 안 도형 나라에 살고 있었습니다.** 행복한 도형 나라로 이사 오세요. 무료로 짐도 싸 드립니다. 참, 기르던 개도 잊지 말고 데려오세요!

신현도 매스블루 (3학년, 10살)
대한초등학교 전교 일 등의 수재. 자존심이 강하고 공부를 못하는 아이들을 한심하게 생각해 대성이와 늘 티격태격한다. 하지만 매스레인저 친구들에게 누구보다 깊은 애정을 갖고 있다.

조윤이 매스바이올렛 (3학년, 10살)
수학 초능력자. 신들의 우두머리 시바의 맞수 비슈누(창조의 신)의 화신인 천재 수학 소녀이다. 평범한 인간으로 살고 싶어 하지만 대성이의 용기에 감동받아 매스레인저가 된다.

알리미
비슈누 신이 타고 다녔다는 신비로운 강아지. 강 박사의 조수 역할을 하면서 매스레인저의 통신을 담당한다.

박수영 매스옐로 (2학년, 9살)
매스레인저 중 막내. 예의가 바라서 다른 선배들을 깍듯이 대하는데, 특히 대성이를 잘 따르고 좋아한다. 내성적이고 숫기도 없지만, 한 번 발동이 걸리면 아무도 못 말린다.

이미라 매스핑크 (4학년, 11살)
매스레인저 중 맏이. 매스레인저를 만든 강 박사에게 가장 먼저 발탁되어 훈련을 받았다. 자신이 맏이라는 것을 내세우기보다 뒤에서 조용히 다른 대원들을 도와주고 격려해 준다.

최대성 매스레드 (3학년, 10살)
매스레인저의 리더. 공부에는 별 관심이 없으나 독보적인 게임 실력을 갖추고 있다. 곱셈과 나눗셈도 모를 만큼 수학 실력이 형편없지만, 결정적인 순간에 놀라운 집중력으로 수학 실력을 발휘해 팀을 위기에서 구한다. 매스레인저의 최종 병기인 아라크를 조정한다.

칼리
파괴의 신인 시바의 부인. 상냥한 말투에
눈부신 미모를 지녔으며 카리스마 또한 넘친다.

하누만
원숭이 머리를 한 시바의
부하로, 우직한 가네샤와
달리 영리하면서도 음흉해서
칼리의 신임을 얻는다.

가네샤
코끼리 머리를 지닌 시바의
부하로 항상 하누만을
견제한다.

아라크
매스레인저의 최종 병기. 강 박사가
만든 인간형 로봇으로, 매스레인저의
무기와도 호환이 된다.

강 박사 (40대 초반)
매스레인저를 만든 사람이자 지시를 내리는 인물.
파괴의 신들이 이 세상을 지배하기 위해 이용하려는
수학의 힘을 일찍이 깨닫고, 봉인된 인드라의 유적으로
매스레인저와 그들의 무기, 아라크를 개발했다.

심훈 박사

강 박사의 스승. 인도의 낡은 임시 기지에 있다. 성격은 깐깐하지만, 뛰어난 수학 능력을 갖고 있다.

안슈미

심훈 박사의 조수. 밝고 명랑한 성격으로, 어려울 때마다 매스레인저들을 도와준다.

히바카 노인

히시야스 산의 산지기. 사람이 아닌 석상이다. 신의 증표를 가지고 있는 대성이와 현도를 마르트 신에게 보내 준다.

라뉴미르 여신
두 번째 관문을 지키는 여신. 아름다운 모습과는 달리 기계처럼 차갑고 딱딱하다. 두 번째 관문에서 대성이와 현도를 시험한다.

마르트 신
인드라 신의 호위 무관. 마르트 신전의 주인이며, 해독약인 붉은 약초를 가지고 있다. 세 번째 관문에서 대성이와 현도를 시험한다.

카마슈
마르트 신전의 문지기. 도마뱀으로 울음이 많다. 대성이가 첫 번째 관문인 미로를 통과할 수 있도록 도와준다.

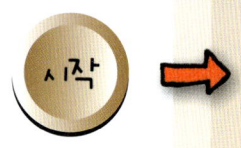

1
수학의 나라
인도로 가다

완전 정복 1단계 점, 선, 면, 여러 가지 각(2~6학년)

점, 선, 면은
어떻게 다를까?

예각과 둔각이란
무엇일까?

동위각이란?

인적이 드문 지역의 한 연구소.

겉보기에는 평범한 기상 예측 연구소처럼 보이지만 사실 이곳은 악신들의 기지였다. 연구소를 지키고 있는 수학 괴물들이 바로 그 증거라고 할 수 있다.

어느 날 시바 신의 옆을 지키고 있어야 할 칼리 여신이 이 연구소에 나타났다. 하누만과 가네샤가 입구에서 정중하게 무릎 꿇었다. 칼리 여신은 그들에게 일어서라는 손짓을 했다.

"훌륭한 수학 초능력 연구소로군요!"

아름다운 칼리 여신의 칭찬에 하누만은 입가에 만족스러운 미소를 지었다.

"유능한 수학 박사들을 납치하여 수학 에너지를 축적하고 있습니다.

이 수학 에너지가 우리 바리문의 신들에게 큰 힘을 줄 것입니다."

"우매한 인간들의 능력을 이용할 생각을 하다니 훌륭해요. 과연 시바 신의 심복이라고 할 만하군요! 시바 신이 깨어나시면 당신들의 노고에 상을 내릴 거예요."

"인간들의 힘을 이용한다면 시바 신께서는 금방 깨어나실 수 있을 겁니다. 하지만 문제가 하나 있습니다."

"뭔가요?"

하누만이 손짓을 하자 마기사 아처가 강 박사를 데리고 나타났다.

"수학 에너지를 이용하여 매스레인저를 만든 강 박사입니다. 의지가 강해서 좀처럼 우리 뜻에 따르려고 하지 않습니다."

칼리 여신은 아처에게 붙들려 있는 강 박사를 바라보았다. 양손이 뒤로 묶이고 입에는 재갈이 물려 있었다.

"재갈을 풀어 주세요."

칼리 여신의 눈동자가 매혹적으로 빛났다. 아처가 재갈을 풀자 강 박사는 숨을 크게 내쉬고 소리쳤다.

"내가 너희 악신들을 위해 일할 거라고 생각하나?"

칼리 여신은 입가에 의미심장한 미소를 짓더니 부드럽게 말했다.

"그렇게 될걸요?"

칼리 여신의 눈빛을 마주하자 강 박사는 갑자기 몸이 굳어지는 것을 느꼈다.

'이 강력한 수학 에너지는……'

강 박사는 저항하려고 했지만 칼리 여신의 몽롱한 눈동자에서 시선을 뗄 수가 없었다.

'대성아……, 부디 악신들을 저지해다오……'

강 박사는 의식을 놓치지 않으려고 필사적으로 애를 썼다. 하지만 짙은 안개 속에 빠진 듯 정신이 점점 아득해졌다.

그 무렵 대성이는 부모님과 함께 인천 공항에 있었다.

"허허, 우리 아들이 수학 특기생으로 인도에 가다니. 해가 서쪽에서 뜰 일이야."

"왜 그런 소리를 하세요? 우리 대성이도 하면 된다고 했잖아요."

"그렇다고 정말로 해낼 줄은 몰랐지."

대성이의 부모님은 기분이 좋아 벙실벙실 웃고 있었다.

"매일 게임하느라 밤을 새던 우리 아들이 이렇게 열심히 공부하다니. 대성아, 엄마는 정말 네가 자랑스럽단다."

하지만 대성이의 마음은 몹시 무거웠다. 말 못할 사정이 있어 매스레인저들이 인도에 가게 된 이유를 부모님께 말씀드릴 수 없었기 때문이었다.

"심훈 선생님은 강 박사님을 찾기 위해 인도에 계세요."

알리미의 말대로 매스레인저들은 심훈 박사를 만나기 위해서 인도로 가야 했다. 마침 이틀 후가 방학식이어서 학교 문제는 걱정 없었다. 게다가 수학계의 권위자인 심훈 박사의 초청을 받아 방학 동안 인도에서 공부를 하게 되었다고 하니 부모님도 흔쾌히 허락했던 것이다.

"인도에 가서도 양치질을 잘해야 한다."

"에이, 그런 거 걱정 마세요."

대성이는 부모님께 걱정을 끼치지 않기 위해 애써 태연한 척했다.

"대성아, 여기야!"

미라가 휴게실에서 손을 흔들고 있는 것이 보였다. 윤이와 현도, 수영이까지 모두 와서 기다리고 있었다. 윤이의 책가방 안에 들어가 있는 알리미가 인형처럼 보였다. 대성이는 부모님에게 인사도 제대로 하지 않고 허둥대며 아이들에게 달려갔다.

"이제 곧 비행기에 탑승해야 해요. 티켓과 여권은 다 준비됐죠?"

"네!"

아이들은 인도행 비행기에 올라탔다. 대성이는 심 박사를 만나기 위해 인도에 가는 것이지만 처음 가는 해외여행이다 보니 마음이 설레였

도형과 기하학

여러분의 집에 있는 벽시계는 어떤 모양인가요? 아마도 둥근 모양이 많을 거예요. 그리고 여러분 집에 있는 목욕탕 타일은 네모난 모양이죠? 우리 생활 속에서 네모, 동그라미, 세모 같은 모양을 많이 볼 수 있는데, 이러한 그림의 모양을 도형이라고 해요. 수학적으로는 점, 선, 면, 체 또는 그것들의 집합을 말하지요. 기하는 이러한 도형들의 성질을 연구하는 것이랍니다.

다. 즐거운 여행을 기대하는 대성이에게 미라가 물었다.

"대성아. 수학 공부는 좀 했니?"

"헤헤, 여행 준비 하느라 조금밖에 못했는데……."

그러자 미라가 걱정스럽게 말했다.

"심 박사님이 까다로운 분이라고 해서 윤이가 특별히 수학 공부를 가르쳐 주기로 했잖아. 너는 윤이한테 미안하지도 않니?"

대성이는 아차 하는 표정을 지었다. 대성이의 옆자리에 앉은 윤이는

알리미를 안고 뚱한 얼굴을 하고 있었다.

"지금부터 열심히 하려고 했어!"

왠지 미안해진 대성이는 가방에서 윤이가 꼼꼼히 정리해 준 공책을 꺼냈다. 이제부터 공부해야 할 부분은 도형이었다. 공책에 그려져 있는 원과 여러 삼각형을 보니 벌써부터 머리가 아득해졌다. 도형은 분수, 소수와는 전혀 달라서 처음부터 다시 시작해야 한다는 압박감에 마음이 무거웠다. 그래서인지 선뜻 공부에 손이 가지 않았다. 그때 배낭 안에 넣어 둔 휴대용 게임기가 생각났다.

'그만두고 게임이나 할까? 어차피 인도까지 8시간 이상 걸릴 텐데……'

조금 논다고 해도 상관없을 것 같은 생각이 들었다. 막 정리 공책을 덮으려는데 윤이가 대성이의 얼굴을 빤히 쳐다보고 있었다. 무엇을 하

기하학의 원조 유클리드 아저씨

기하학은 영어로 geometry라고 하는데 geo(토지) + metry(측량)에서 나온 말로 농업 생활과 연관이 깊은 학문이에요. 옛날 이집트에서는 대홍수로 토지가 떠내려가면 땅주인들이 세금을 낼 때 떠내려간 토지를 측정해서 그 땅만큼을 빼고 나머지 땅의 세금만 냈다고 해요. 기하학의 원조는 알렉산드리아 대학의 수학과 교수이자 유명한 알렉산드리아 수학 학교의 설립자인 유클리드 아저씨로 《기하학의 원본》이라는 책을 썼어요.

려는지 다 알고 있다는 표정이었다.

"저기 말이야, 공부가 지겨워져서 게임하려고 그런 건 절대 아냐. 그냥 잠이나 깰까 하고……."

윤이는 우물쭈물 변명을 늘어놓는 대성이의 손에서 정리 공책을 빼앗았다.

"필요 없으면 돌려줘."

"아, 아냐. 공부할 거야. 공부한다고."

대성이는 울상을 지으며 정리 공책을 집어 들었다. 윤이의 공책에는 점, 선, 면의 정의에 대해 적혀 있었다.

"음, '점'은 내 얼굴에 있는 점이랑 똑같은 건가?"

"네 얼굴에 있는 점은 '점'이라기보다는 원과 같은 거야. '점'은 너무 작아서 보이지 않거든."

점과 선

점은 모든 도형의 가장 기본적인 구성 요소이며 가장 단순한 도형이에요. 너무 작아서 길이도 너비도 없어서 눈에 보이지 않지요. 선은 점들을 모아 놓은 것이에요. 아주 작은 틈도 없이 꼭 붙여서 늘여 놓으면 선이 된답니다.

"하지만 '점'은 이렇게 찍잖아!"

대성이가 연습장에 연필을 눌러 까만 점을 그렸다.

"그건 보기 쉬우라고 그렇게 그리는 거지."

대성이는 윤이의 말이 아리송하게 느껴졌다. 윤이는 대성이의 얼굴을 살

피고는 좀 더 쉽게 설명했다.

"그래, 점을 모으면 선이 된다 이거지."

설명대로 촘촘히 점을 찍어 보니 정말로 선이 됐다.

"이렇게 이어진 선을 직선이라고 해. 직선도 넓은 의미의 곡선이지."

윤이가 대성이 쪽으로 얼굴을 들이밀었다. 바로 옆에서 보는 윤이가 너무 예뻐서 대성이는 화들짝 놀라 마른침을 삼켰다.

"왜?"

"아, 아냐. 점, 선, 면에서 면은 라면인가 해서."

'이키, 괜히 말했다. 면이 라면일 리가 없잖아!'

당황해서 이상한 소리를 하고 후회하는 대성이에게 윤이가 의외의 대답을 했다.

"라면이라……. 비슷할 수도 있겠네. 밀가루를 반죽해서 동그랗게 빚으면 면을 만들 수 있으니까."

"그래?"

윤이는 종이 위에 세 개의 선을 그려 삼각형을 만들었다.

"자, 봐. 이게 평면이야. 평면에는 두께가 없어. 길이와 너비만 있고 높이는 없다는 소리지."

"아하! 점, 선, 면은 컴퓨터 게임 그래픽 같은 거구나? CG를 이루는 점들이 직선을 이루고, 원과 사각형, 삼각형을 형성한다."

대성이가 휴대용 게임기를 들고 외치자 윤이가 고개를 끄덕였다.

"이제 점, 선, 면에 대해 알겠어?"

"대강 알겠어."

혼자 공부할 땐 무슨 소리인지 알기 힘들었는데 윤이가 가르쳐 주니까 점, 선, 면이 어떤 것인지 쉽게 이해되었다.

그때 창가에서 공부하고 있던 수영이가 흥분한 목소리로 소리쳤다.

"미라 누나, 창밖을 보세요. 구름이 우리 밑에 있어요."

미라와 대성이는 재빨리 수영이가 있는 창가로 다가갔다. 수영이 말

> **유클리드 아저씨 가라사대**
>
> 1. 점이란 부분이 없는 것이다.
> 2. 선이란 폭이 없는 길이이다.
> 3. 선의 끝은 점이다.
> 4. 직선은 선이며, 점이 한결같이 곧게 놓인 것을 직선이라고 한다.
> 5. 면이란 길이와 폭만을 갖는 것이다.
> 6. 면의 끝은 선이다.
> 7. 평면은 면이며, 직선이 다른 직선의 위에 한결같이 곧게 놓인 것이다.

대로 비행기 밑으로 구름바다가 펼쳐져 있었다.

"우아, 멋있다!"

"솜사탕 같아!"

대성이는 달콤한 솜사탕을 생각하며 눈을 반짝였다.

"별것도 아닌 걸 가지고 호들갑 떨긴."

현도는 차분하게 책을 읽으며 한마디 툭 던졌다. 윤이 역시 비행기를 여러 번 타 봤기 때문에 시큰둥했다.

"현도 형이랑 윤이 누나도 이리 와서 같이 구경해요."

막내 수영이가 애교를 부리자 현도와 윤이도 마지못해 창가로 갔다. 오늘 따라 하늘이 유난히 푸른 빛깔을 띠었다. 비행기 아래로 펼쳐진 구름은 눈처럼 하얗게 빛났다.

'친구들과 함께 보는 하늘은 다르구나! 몇 번이나 비행기를 타 봤지만 이렇게 멋진 하늘은 처음 봐.'

방긋 웃고 있는 수영이를 보니 윤이는 기분이 한결 좋아졌다.

"저것 봐, 이 자리에서는 비행기 날개도 보이네."

"우아! 저는 비행기 날개가 직각인줄 알았는데 실제로 보니까 예각이에요."

"어머나, 정말 그렇구나!"

미라가 수영이 말에 손뼉을 치며 맞장구쳤다.

　미라와 수영이는 비행기 날개를 보고 도형을 떠올렸다. 이런 모습을 보자 윤이는 피식 웃음이 나왔다. 영락없는 수학반 학생이라는 생각이 들었기 때문이었다.

　두 사람의 대화를 들은 대성이는 머리를 갸웃거렸다.

"예각과 직각이 뭐야?"

윤이는 대성이가 들고 있는 게임기를 손가락으로 가리켰다.

"그 게임기의 끝 부분을 봐. 모가 났지? 이런 걸 각이 졌다고 해."

윤이는 또 책 모서리를 손가락으로 가리켰다.

"이렇게 곧고 바른 각을 직각이라고 해. 각도기로 재면 정확하게 90도야."

제자리로 돌아온 윤이는 가방 속에서 각도기를 꺼내어 대성이 게 주었다.

대성이는 윤이에게 받은 각도기를 뚫어져라 보았다. 각도기로 재 보니 책과 공책의 각이 모두 직각으로 이루어져 있었다.

"각에는 여러 가지 종류가 있어."

"①번(33쪽 박스 참조)은 직선처럼 보이는데?"

"두 개의 선을 수평으로 나열했으니 당연하지. 이런 걸 평각이라고 해."

"그럼, ②번(33쪽 박스 참조)은 직각인 줄 알겠는데……, ③, ④번(33쪽 박스 참조)은 모르겠어."

"③번(33쪽 박스 참조)은 둔각이야. 90도인 직각보다 더 큰 각을 둔각이라고 해. 둔각은 이렇게 부채꼴이 되지. 그리고 ④번(33쪽 박스 참조)처럼 직각보다 더 작은 각은 예각이야. 예각은 이렇게 뾰족해 보여."

"아하, 그렇구나!"

대성이가 알겠다는 표정으로 손바닥을 쳤다. 먼저 직각을 이해하니까 다른 각들이 쉽게 이해가 됐다.

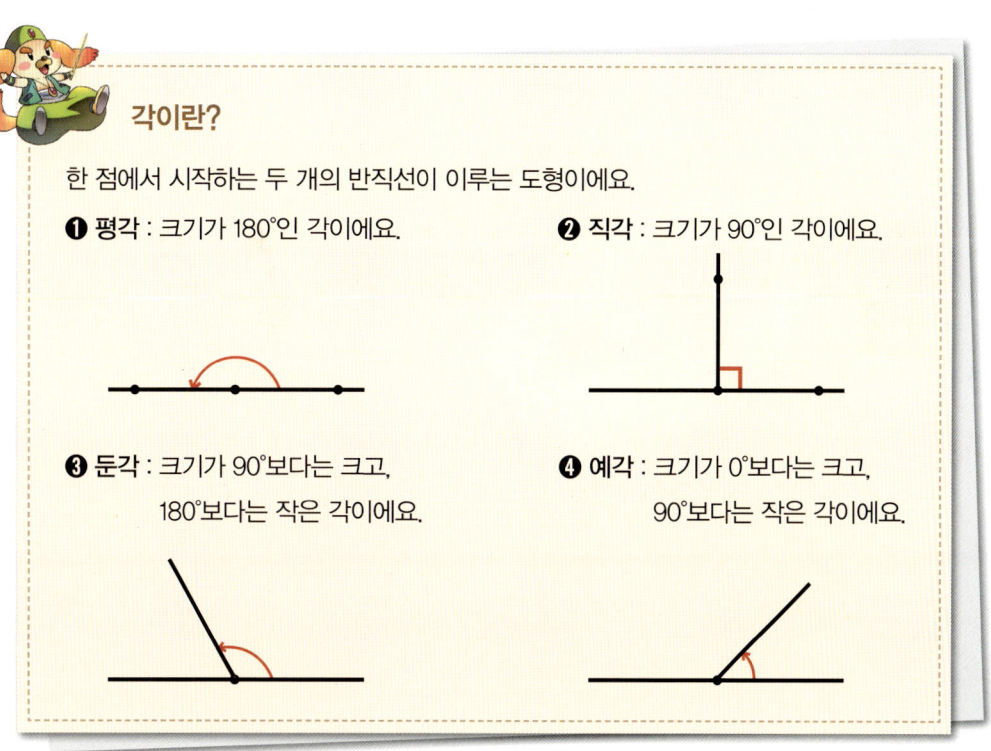

그때 윤이가 대성이의 공책에 그림을 그렸다.

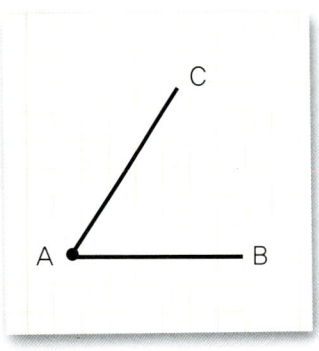

"이건 어떤 각이지?"

"90도보다 작으니까 예각."

"그럼, 이 각은 어떻게 읽는 줄 알아?"

"각 A라고 하나?"

"그래, 비슷해. 각을 읽을 때는 그 기호로 읽어 주면 돼. 각 CAB나 각 BAC라고 읽어 주면 되지."

"뭐, 어렵지 않네."

"그리고 직선 CA, 직선 AB를 '각의 변'이라고 해. 점 A는 각의 꼭짓점이라고 하고."

유클리드 아저씨 가라사대

1. 평면각이란 한 평면 위에서 두 선이 서로 만나되 일직선이 되지 않는 (두 선 사이의) 기울기이다.
2. 각을 낀 두 선분이 직선이며 그 각을 직선각이라 한다.
3. 한 직선이 다른 한 직선과 만나고 있을 때, 이웃한 각이 서로 같으면 그 각을 직각이라고 한다.
4. 둔각이란 직각보다 큰 각이다.
5. 예각이란 직각보다 작은 각이다.

윤이는 다른 각의 그림을 그렸다.

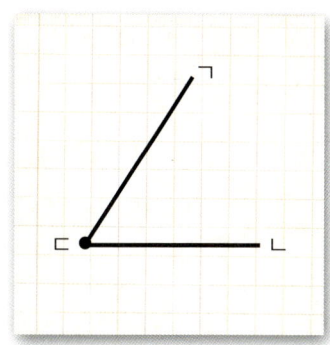

"이걸 읽어 봐."

"각 ㄱㄷㄴ, 직선 ㄱㄷ, 직선 ㄷㄴ은 각의 변이고, 점 ㄷ는 꼭짓점이지?"

"잘했어."

각 읽기를 끝마치고 나니 대성이는 각에 대해서 자신감이 생기는 것 같았다.

대성이는 그림을 보고는 큰소리로 외쳤다.

동위각과 엇각

각 ㄱ과 각 ㅁ, 각 ㄴ과 각 ㅂ, 각 ㄹ과 각 ㅇ, 각 ㄷ과 각 ㅅ. 이들의 각은 위치가 같아요. 두 직선과 한 직선이 만날 때 각 직선의 같은 위치에 있는 각을 동위각이라고 해요. 동위각은 각의 크기가 같아요. 각 ㄱ의 동위각은 각 ㅁ. 그리고 맞꼭지각은 각 ㄷ. 각 ㄷ의 동위각은 각 ㅅ. 각 ㄱ과 각 ㅅ은 엇각이에요. 엇각은 서로 크기가 같아요.

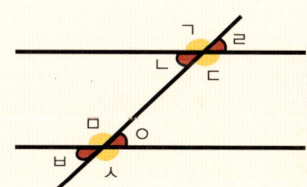

맞꼭지각

각 ㄱ과 각 ㄷ은 서로 마주 보고 있어요. 그래서 마주 보고 있는 각, 맞꼭지각이라고 불러요. 맞꼭지각은 크기도 같아요. 각 ㄴ과 각 ㄹ 또한 맞꼭지각이에요.

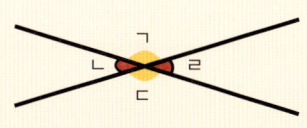

"각 ㄹ과 각 ㅂ도 엇각이라는 소리지?"(35쪽 박스 참조)

"이제 잘 아네."

대성이는 다음 학습 쪽을 넘기려다 말고 옆에 있던 휴대용 게임기를 집어 들었다.

"윤이야, 공부 많이 했으니까 게임 딱 한 판만 하자, 응?"

대성이의 부탁에 윤이는 시큰둥하게 허락했다.

"게임이 그렇게 재밌니?"

"응, 너도 해 볼래?"

윤이는 대성이에게서 받은 퍼즐 게임을 너무 쉽게 깨 버렸다. 과연 수학 천재다운 놀라운 솜씨였다.

"5500점! 이렇게 빨리 깨다니, 굉장하잖아?"

아이들은 윤이의 게임 솜씨에 깜짝 놀라 눈을 동그랗게 떴다.

"좋아, 나도 질 수 없지. 내가 윤이의 기록을 깨 주겠어."

대성이는 승부욕에 공부는 뒷전으로 미루고 게임 대결을 시작했다. 처음에는 시큰둥하던 현도도 나중에는 함께 열을 올리고 있었다. 결국 승리는 대성이의 것으로 끝났다.

"하하하, 역시 나한테 게임으로 이길 사람은 아무도 없다니까."

의기양양하게 함박웃음을 터뜨리는 대성이를 보며, 수영이는 부러움의 한숨을 내쉬었다.

"대성이 형은 어쩌면 저렇게 게임을 잘할까요?"

"수학 공부를 그렇게 했으면 벌써 도형을 끝냈겠다."

현도는 승리에 들떠 있는 대성이에게 핀잔을 주었다. 하지만 마음 한편으로는 윤이와 대성이가 함께 공부하는 모습이 보고 싶지 않기도 했다.

인도, 델리의 공항.

눈앞에 펼쳐진 인도어와 영어로 된 간판들을 보자 대성이는 머리가 어지러웠다. 모두들 짐을 찾지 못하고 머뭇거리고 있는 사이 윤이가 앞장서서 영어로 말했다.

'윤이는 어려운 영어를 참 잘하는구나. 그리고 보니 미국에서 살았다

고 했지?'

아이들은 영어로 침착하게 말하는 윤이가 어른스러워 보였다.

"윤이랑 있으면 든든하겠다!"

미라의 말대로 윤이 덕분에 입국 심사를 마치고 공항 출구를 무사히

빠져나올 수 있었다.

"이제 어디로 가야 하지?"

"아마 심 박사님이 보내신 가이드가 마중 나왔을 거예요."

알리미의 말대로 한글이 쓰인 손 팻말을 들고 있는 한 인도 여자가 보였다. 손 팻말에는 한글로 최대성, 조윤이, 신현도, 이미라, 박수영이라고 적혀 있었다.

"나마스떼!"

갈색 얼굴에 검은 머리카락의 인도 여자가 명랑하게 인사했다. 인도 사람 특유의 아름다움이 물씬 풍기는 누나였다. 대성이와 아이들은 인도어를 몰라 쭈뼛쭈뼛 눈만 깜빡이고 있었다.

"안녕? 난 안슈미라고 해. 너희를 심훈 박사님께 안내하려고 기다리고 있었어."

인도인 누나가 유창한 한국말로 다시 한 번 인사했다.

"우아, 한국말을 참 잘하시네요?"

"대학에서 한국어를 공부했거든. 지금은 심 박사님을 돕고 있어."

"다행이다! 전 인도어만 하시는 줄 알고 놀랐어요."

안슈미는 빙긋 웃으며 아이들을 공항 밖으로 안내했다. 공항 주차장에는 아이들을 모두 태울 수 있는 자동차가 준비되어 있었다.

"이제부터 심 박사님이 계신 임시 기지로 갈 거야. 모두들 안전띠를 단단히 매렴."

아이들은 안슈미의 지시대로 안전띠를 맸다.

"심 박사님은 어떤 사람인가요?"

"제자인 강 박사님과는 달리 성격이 깐

깐한 분이셔. 하지만 뛰어난 수학 능력을 갖고 계신 분이지."

"안슈미 누나는 강 박사님에 대해서 알고 계신가요?"

"몇 년 전에 강 박사님의 가이드를 한 적이 있거든."

아이들은 예쁘고 상냥한 누나가 마음에 들었다. 하지만 윤이는 왠지 마음이 놓이지 않았다.

'저 가이드, 다른 사람들과는 다른 느낌이 들어.'

윤이는 마냥 성격 좋아 보이는 안슈미에게서 이상한 느낌을 받았다. 겉보기에는 명랑하고 좋은 언니처럼 보이지만 어딘지 모르게 불길한 기운이 느껴졌다.

안슈미가 부릉부릉 하며 자동차에 시동을 걸었다. 공항을 빠져나온 차가 어느새 도로 위를 달리기 시작했다.

"너희, 인도는 처음이지?"

"네, 사실 외국에 가 본 적이 없어요."

"인도에 대해서는 얼마나 알고 있어?"

갑작스런 질문에 대성이는 머리를 긁적였다. 그러고 보니 인도가 수학의 나라라는 것 외에는 아는 것이 없었던 것이다.

"인도는 인구가 10억 4천만으로 세계에서 두 번째로 인구가 많은 나라야. 그리고 종교는 힌두교지."

"힌두교는 어떤 종교인가요?"

큰 눈을 깜빡이며 수영이가 물었다.

"인도의 고대부터 전해 내려오는 바라문교가 복잡한 민간 신앙을 섭취하여 발전한 종교야. 현재 인도의 힌두교는 비슈누를 믿는 자들과 시바를 믿는 자들, 두 개의 종파로 나뉘지. 너희는 인도의 신인 브라흐마나 비슈누, 시바 신에 대해서 들어본 적 있니?"

현도가 손을 번쩍 들었다.

"책에서 읽어 본 적 있어요."

"브라흐마 신은 창조의 신이고, 비슈누 신은 유지와 보호의 신이야. 시바 신은 파괴의 신이지."

"그럼, 비슈누는 선신이고, 시바는 악신이군요. 파괴는 나쁜 일이잖아요?"

대성이가 이렇게 말하자 안슈미는 빙그레 웃었다.

"그리고 인도에서는 소를 신성시한단다. 인도 사람들은 소를 신의 화신이라고 믿거든. 그래서 소를 거리에 방목하고 있을 정도야."

"우아! 음매 하고 우는 소 말인가요?"

소가 거리를 돌아다닌다니 한국에서는 상상도 할 수 없는 일이었다.

"그래, 인도 사람들은 소를 신이라고 생각하니까 소에게 장난치면 안 된다. 그리고 거리에 소똥도 있으니까 놀라지 말고."

마지막 말에 아이들이 웃음을 터뜨리는데, 갑자기 안슈미가 엄청난 속도로 내달리기 시작했다.

"엄마아아아아아악!"

"우아아아아아아악!"

깜짝 놀란 아이들이 일제히 비명을 질러댔다. 차 안은 아이들의 비명 소리로 금세 아수라장이 되었다.

"야호! 신 난다아!"

아이들과는 반대로 안슈미는 흥분한 얼굴로 힘껏 소리쳤다.

다른 차들을 모두 따돌리고 내달리니 몹시 기분 좋은 모양이었다. 차가 빠른 속도로 흔들려서 마치 롤러코스터를 탄 것 같았다.

'이 누나, 보기보다 담력이 세잖아!'

대성이는 손잡이를 꽉 잡고 생각했다.

'강 박사님을 구하기 전에 우리가 먼저 죽겠어.'

안슈미는 얼굴이 파랗게 질린 아이들을 보면서 계속 속도를 올렸다.

여러 가지 선과 각

 선의 종류

❶ 직선

아래 그림과 같이 점 A와 점 B를 무한히 뻗어 나가는 곧은 선을 직선이라고 하고, $\overleftrightarrow{AB}$로 표시해요. 위에 화살표로 표시되어 있는 이유는 무한히 계속 나아간다는 뜻이에요.

직선

여러 가지 직선

❷ 선분

아래 점 A에서 점 B로 가는 방향에는 무수히 많은 점들이 있지만 반대 방향에는 아무것도 없어요. 마찬가지로 점 B에서 점 A로 갈 때도 마찬가지이고요. 점 A와 B, 두 개의 점 사이에만 존재하는 무수히 많은 연속적인 점들을 선분이라고 하고, $\overline{AB}$로 나타내지요. AB위에 화살표가 없는 것은 어디선가 선이 나가는 것을 멈추었다는 뜻이에요.

[선분 AC와 선분 AB의 만남]

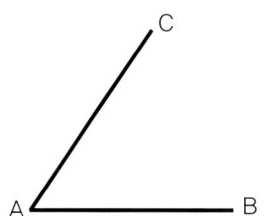

[길이가 같은 선분이 만나서 생긴 도형들]

 정사각형　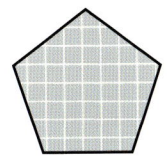 정오각형　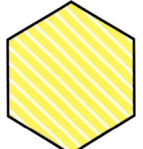 정육각형

❸ 반직선

점 A에서 점 B쪽으로 무수히 많은 점을 늘어놓는 것, 그리고 무한히 점 B 방향으로 계속 뻗어 나가는 것을 반직선이라고 하고 $\overrightarrow{AB}$로 표시해요. 점 A는 한쪽만 다른 점과 연결되어 있고 다른 한쪽에는 아무것도 없다는 뜻에서 반직선이라고 부른답니다.

여러 가지 반직선

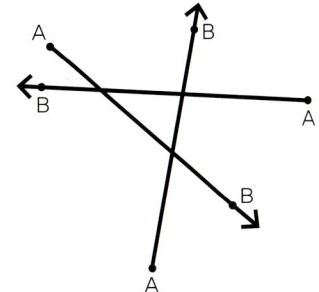

❹ 곡선

휘어진 선을 곡선이라고 하는데요, 점이 평면 위나 공간 안을 연속적으로 움직일 때 생기는 선이에요. 그런데 어떤 고집 센 점들은 한 방향으로 가기도 한답니다. 그래서 곡선에는 직선도 포함된다는 사실을 잊지 마세요.

직선, 선분, 반직선, 곡선까지! 선은 여러 종류가 있구나!

각의 종류

❶ 직각
아래 그림처럼 각도기로 재어서 한 선은 0에 다른 선은 정확하게 90°에 가 있는 각을 직각이라고 해요.

❷ 평각
아래 각도기에서 선분 ㄱㄴ이 평각이에요. 0에서 시작해서 반대 방향인 180°가 나올 때까지 돌면 되는데, 평평한 땅을 생각하면 돼요.

❸ 예각
마치 조개가 입을 벌리다 만 것처럼 한 선분이 90°까지 올라가지 못하고 조금만 올라간 각을 예각이라고 해요.

❹ 둔각
조개가 입을 쫙 다 벌리고 있는 것처럼 한 선은 0에 다른 한 선은 90°보다 뒤로 넘어가 있는 각이에요.

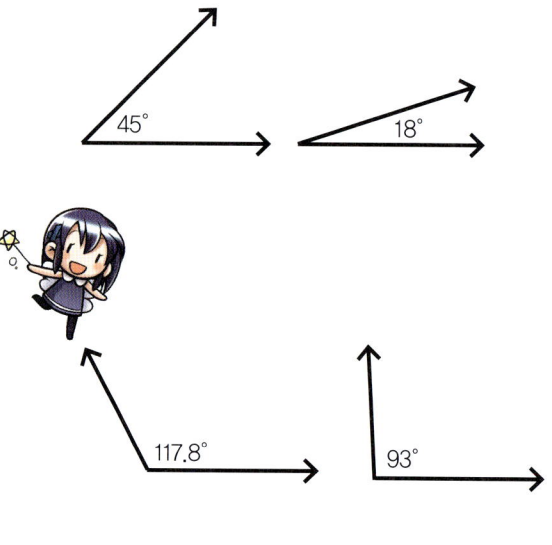

 퀴즈? 퀴즈!

1 다음 중 점이 아닌 것은 어느 것입니까?

   ·

2 점, 선, 면의 관계를 써 보세요.

3 아래 그림을 보고 직각, 동위각, 엇각, 맞꼭지각을 찾아보세요.

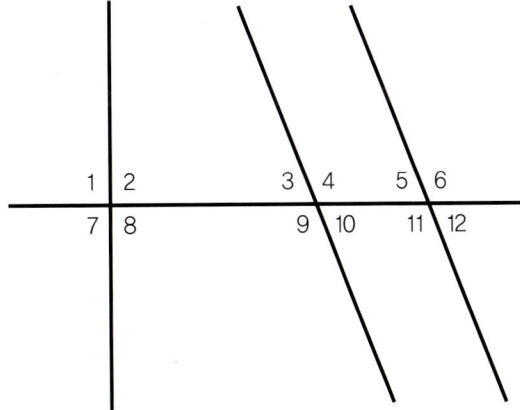

⊙ 답은 172쪽에 있습니다.

47

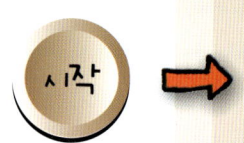

2
심훈 박사를 만나다

완전 정복 2단계 수직, 수선, 평행(3~6학년)

평행선 사이의
거리는 무엇일까?

삼각자로 평행선을
그리는 방법은?

수직과 평행은
무엇이 다를까?

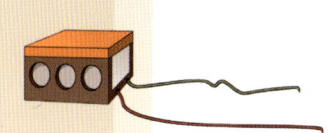

수선은 어떻게
그릴까?

평행선은
무엇일까?

 자동차는 빠른 속도로 뉴델리의 시가지에 들어섰다. 인도어로 쓰인 낯선 간판이 대성이와 아이들을 반겼다. 오토바이를 개조한 삼륜차처럼 생긴 오토릭샤가 맨 먼저 눈에 들어왔다. 인도의 이채로운 건물들과 버스, 그리고 인도 사람들을 보며 아이들은 탄성을 질렀다.
 "저기 봐, 정말 소가 있어!"
 안슈미의 말대로 거리 한복판에 소가 느릿느릿 지나가고 있었다. 대도시인데도 도로에 차선이 없어 조마조마했지만 안슈미는 익숙하게 운전을 했다.
 "이제부터 올드 델리로 갈 거야."
 인도의 수도 델리는 인도 북부에 위치해 있었다. 뉴델리 역을 경계로 북쪽으로는 올드 델리, 남쪽으로는 뉴델리가 있었다.

"인도의 수도는 델리 아닌가요? 올드 델리는 뭔가요?"

미라가 이상하다는 듯이 머리를 갸우뚱하며 물었다.

"영국이 인도를 식민지로 통치하기 시작하면서 거주한 곳이 뉴델리야. 원래 수도였던 델리는 올드 델리라고 불리지."

이국적인 거리를 지나 도착한 곳은 델리 근교의 숲 터였다. 능숙하게 자동차를 세운 뒤 안슈미는 아이들을 낡은 건물로 안내했다.

"여기가 바로 심 박사님이 계시는 임시 기지야."

시멘트와 목조로 이루어진 건물은 매스 기지와는 비교도 할 수 없을

정도로 낡고 허름해 보였다. 테라스에는 나무로 만들어진 탁상과 걸상이 있고, 그 뒤에는 손때 묻은 통신 장비들이 놓여 있었다. 매스 기지에서 보았던 최첨단 장비들은 찾아볼 수 없었다.

"매스 기지에 비하면 무척 허름하네요."

수영이가 솔직하게 말했다.

"버려진 학교 건물이야. 우리의 행보를 바리문 악신들에게 들키면 안 되니까 이런 곳을 쓰고 있어."

"하지만 필요한 정보는 매스 위성을 통해서 받을 수 있어요. 매스 기지의 독자적인 시스템이 있는 이 컴퓨터가 있으니까요."

윤이의 가방에 있던 알리미가 가방 밖으로 얼굴을 쑥 내밀며 말했다. 알리미의 손에는 DMB 크기의 작은 컴퓨터가 있었다.

"제가 먼저 들어가 봐도 되죠?"

아무래도 좋았던 듯 대성이는 출싹거리며 넌서 내문 안으로 싱금 들어섰다. 이곳은 서울에 있는 학교와는 비교할 수 없을 만큼 작았다. 벽면 곳곳에는 페인트가 벗겨져 있어 괴기스럽기까지 했다.

"으악!"

막 2층 계단을 통하려고 했을 때였다. 대성이의 앞에서 사람 그림자가 흔들렸다. 놀란 가슴을 쓸어내리고 자세히 살펴보니 험상궂어 보이는 할아버지가 서 있었다.

'뭐야, 이 할아버지는? 갑자기 나타나서 깜짝 놀랐잖아!'

할아버지는 두꺼운 뿔테 경을 고쳐 쓰더니 대성이를 빤히 쳐다보았다. 어딘지 심술궂어 보이는 인상이었다.

"너희가 매스레인저냐?"

이 할아버지가 바로 강 박사의 스승인 심훈 박사였다.

대성이와 아이들은 응접실에 앉아 심훈 박사를 마주하고 있었다. 안슈미가 우유와 커피, 그리고 맛있어 보이는 쿠키를 준비해 왔다. 알리미는 쿠키를 잔뜩 먹고는 소파 구석에서 어느새 잠들어 있었다.

커피를 받아 든 심 박사는 잔뜩 긴장한 대성이를 안경 너머로 노려보고 있었다. 대성이는 한 학년 위인 미라에게 도움을 청했지만 "네가 리더잖아. 뭐라고 말 좀 해봐."라는 매정한 대답만 돌아왔다.

"저는 매스레인저의 리더인 최대성이라고 합니다. 초등학교 3학년이에요. 그리고 이쪽은……."

결국 대성이가 아이들을 한 명씩 소개했다.

"흥! 새파랗게 어린 꼬맹이들이군. 강 박사 그 녀석은 어쩌자고 이런 어린애들을 모았는지."

심 박사의 얼굴에 불만이 가득 차 보였다.

"우리가 뭔가 잘못 알고 온 게 아닐까요?"

"그러게. 저 할아버지, 진짜 성격 나빠 보여."

수영이와 미라가 작은 소리로 속삭였다. 그때 심 박사가 벌떡 일어섰다.

"네가 리더라고 했지?"

"네, 네! 강 박사님께서 제게 매스레인저를 맡기셨어요."

"평생 가도 서로 만날 수 없는 선을 뭐라고 하지?"

심 박사가 다짜고짜 질문을 던졌다. 당황한 대성이는 답은커녕 문제의 뜻조차 파악하지 못해 어쩔 줄 몰라 했다.

'점, 선, 면, 각에 대해서는 기억나지만……. 왜 하필이면 안 배운 걸

"평생 가도 서로 만날 수 없는 선을 뭐라고 하지?"

물어보는 거야?'

대성이는 금방이라도 울음을 터뜨릴 것 같은 표정으로 말을 더듬었다.

"그, 그건……."

답을 알고 있는 다른 아이들도 답답하게 생각하기는 매한가지였다.

"어리석은 꼬마로군."

심 박사는 혀를 끌끌 차며 차갑게 돌아섰다.

"심 박사님, 잠깐만요! 저희는 강 박사님을 찾으러 왔어요!"

미라가 벌떡 일어나 응접실 밖으로 나가려는 심 박사를 불러 세웠다.

"리더가 저래서야 팀이 제대로일 리가 없지. 너희에게 그런 큰일을 맡길 수 없다."

심 박사의 대답에 아이들은 마음이 쿵 무너져 내리는 것 같았다.

"심 박사님, 그래도 어렵게 인도까지 왔는데……."

안슈미도 아이들 편에서 거들어 보았지만 소용없었다. 심 박사는 문을 쾅 닫고 응접실을 나가 버렸다.

남겨진 아이들은 망연자실한 얼굴로 소파에 주저앉았다. 모두들 충격을 받았지만 대성이는 다른 아이들보다 더 큰 충격을 받았다. 뭔가에 머리를 세게 얻어맞은 것처럼 정신이 어지러웠다. 불시의 시험을 예상하기는 했지만 평행선에 대한 질문을 할 줄은 몰랐다.

'내가 공부를 게을리했기 때문이야.'

실망하기는 다른 아이들도 마찬가지였다.

"이제 어떻게 하죠? 우린 이대로 한국으로 돌아가야 하나요?"

"설마, 인도까지 왔는데……."

"하지만 심 박사님이 우리를 인정하지 않겠다고 하잖아?"

현도가 딱 잘라 말하자 아이들이 일제히 한숨을 내쉬었다. 현도는 그런 쉬운 문제조차 대답하지 못한 대성이가 밉기까지 했다.

'나 때문에 강 박사님을 구할 수 없을 지도 몰라.'

대성이는 자책감에 눈물이 핑 돌았다.

"너무 걱정하지 마. 너희가 있을 곳은 내가 마련해 줄게. 내가 심 박사님을 설득해 볼 테니까 그동안 너희는 대책을 세우렴."

아이들은 어려울 때 매스레인저 편을 들어주는 안슈미가 있어 그나마 마음이 놓였다. 하지만 윤이는 이상하게도 안슈미가 마음에 들지 않았다.

'저 여자, 보통 사람으로 보이지 않아. 무슨 꿍꿍이셈이라도 있는 걸까?'

윤이는 부드럽게 웃음 짓는 안슈미를 보면서 경계심을 풀지 않았다.

안슈미가 응접실에서 나가자 매스레인저 다섯 사람만 남게 되었다.

아이들은 '어떻게 심 박사의 마음을 돌릴 수 있을까?' 하는 생각에 잠겼다.

잠시 말없이 서로의 얼굴을 돌아보던 아이들은 대성이를 바라보았다.

마침내 대성이는 결심한 듯 또박또박 말을 꺼냈다.

"윤이야, 지금부터라도 내가 공부하는 걸 도와줘!"

이 상황에서 대성이가 할 수 있는 일은 단 한 가지뿐이었다. 두 번째 기회를 얻었을 때 심 박사를 실망시키지 않는 것, 그것만이 유일한 해결책이었다.

"좋아."

윤이는 대답은 의외로 흔쾌했다.

"대신 내가 주는 정리 공책을 통째로 외울 각오는 돼 있겠지?"

"그래, 준비됐어."

"지금부터 공부할 건 수직과 평행이야."

습한 여름 날씨 때문에 대성이와 윤이는 뒤뜰에 있는 탁상에 앉아 공

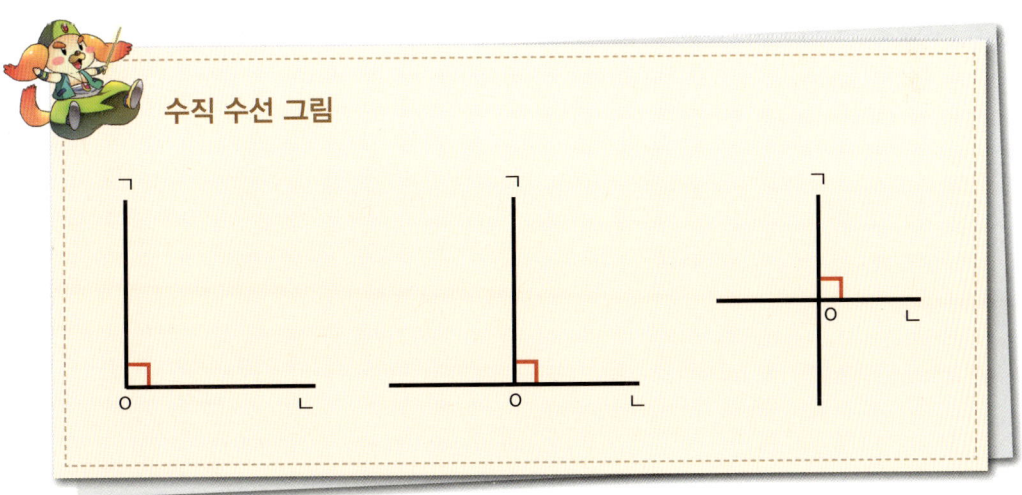

부를 시작했다. 다행이 임시 기지 주위가 숲인 탓에 큰 더위는 피할 수 있었다.

대성이는 정신을 바싹 차리고 윤이의 설명을 귀담아 들었다.

"평면 위에서 두 직선의 위치는 서로 만나는 경우와 서로 만나지 않는 경우가 있어. 두 직선이 만나는 경우에는 각이 이루어지지. 이 중에서 두 선이 만났을 때 직각을 이루는 선을 수직이라고 해. 두 직선이 수직일 때 한 직선은 다른 직선에 대한 수선이라고 하고."

자세한 설명을 들었지만 대성이는 이해하기가 어려웠다. 그러자 윤이는 가방에서 삼각자를 꺼냈다.

"그럼, 수선을 그려 보자."

말로 설명을 듣는 것보다 직접 그려 보니 훨씬 이해가 빨리 됐다. 윤이는 바로 각도기를 이용해서 수선 긋는 방법을 가르쳐 주었다.

"각 ㄹㄷㄱ은 직각이야. 그럼, 각 ㄹㄷㄴ은 뭘까?"(63쪽 박스 참조)

"그것도 똑같이 직각이지. 직각은 90도이고, 평각은 180도니까 각 ㄹㄷㄴ도 90도겠지?"

"맞았어."

대성이는 직각과 수선이 무엇인지 확실히 알게 되었다.

"이제 다음은 평행에 대해 공부할 차례야."

윤이가 다시 정리 공책을 펼쳤다. 시간이 얼마나 지났는지 배에서 꼬

르륵 소리가 났다.

'다른 애들은 지금쯤 카레를 먹고 있겠지?'

카레는 대성이가 좋아하는 음식이었다.

한 시간 전, 안슈미는 자동차를 몰고 시장으로 음식을 사러 나갔다. 물론 혼자 간 것은 아니었다.

"식구가 늘었으니까 음식을 사 두는 게 좋겠어. 나랑 같이 인도 시장

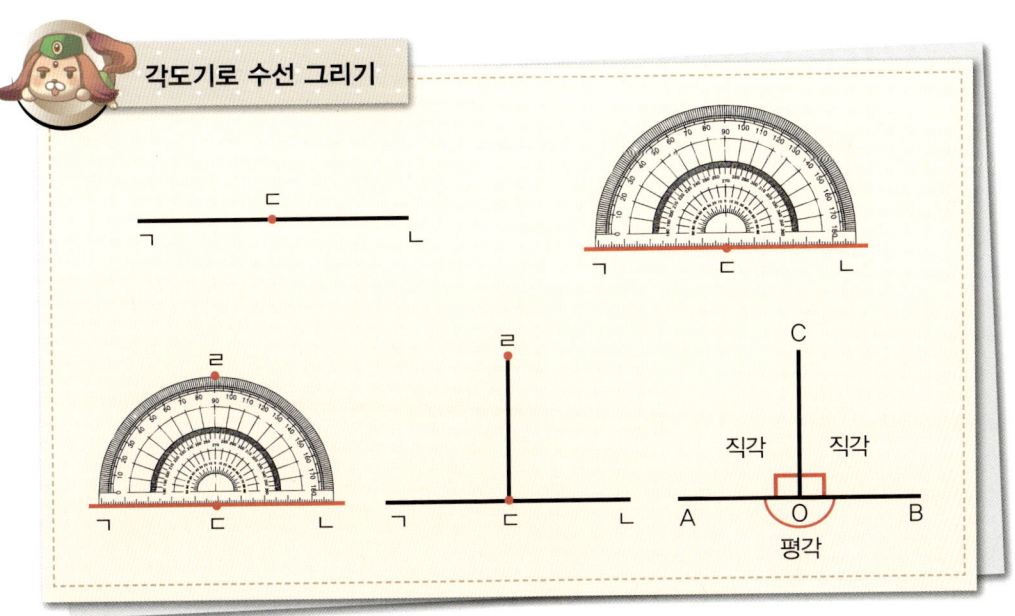

을 구경하러 갈 사람!"

"저요, 인도의 시장은 어떤지 보고 싶어요."

침울한 분위기에 눈치만 보고 있던 수영이가 손을 번쩍 들었다. 태어나 처음 하는 해외여행이라 궁금한 것이 많았던 터였다.

안슈미는 재빨리 수영이의 말에 맞장구치면서 다른 아이들을 슬슬 부추겼다.

"우리 다 함께 가자. 인도 구경도 해 봐야지. 언제까지 우울해할 수는 없잖아?"

"강 박사님이 어디 계신지도 모르는데 놀러 다닐 순 없어. 난 남아 있을래."

그러자 미라가 현도의 팔을 잡아끌었다.

"어차피 밥은 먹어야 될 거 아냐? 강 박사님이 계셨더라도 그렇게 했을

거야?"

"맞아. 그리고 힘센 남자는 한 사람이라도 더 있는 게 도움이 되는 법이지."

"맞아요, 시장에 가려면 짐꾼이 필요하니까요."

미라와 안슈미는 말이 척척 잘 맞았다. 갑자기 여행 기분이 났는지 수영이가 만세를 부르며 제자리에서 폴짝 뛰었다.

"카레도 먹어 보고 싶어요."

"인도식 카레는 한국인 입맛에 맞지 않는다던데, 괜찮겠어?"

현도는 내키지 않는 표정을 지었다. 하지만 미라와 수영이가 잡아끄니 안 갈 수도 없는 노릇이었다.

네 사람이 이렇게 임시 기지를 떠난 것이 벌써 한 시간 전이었다.

"너도 가지 그랬어?"

수직을 알아내는 방법

보통 십자가 모양만 수직이라고 생각하는 친구들이 있어요. 하지만 십자가 모양을 비스듬히 돌리면 어떻게 되나요? × 모양이 되지요. 즉, 꼭 똑바로 서 있지 않아도 90°가 되면 수직이므로, 90°를 확인하는 것이 수직인지 아닌지 알 수 있는 가장 정확한 방법이에요.

잠시 생각에 잠겨 있던 대성이는 윤이의 목소리에 머리를 흔들며 말했다.

"아냐. 열심히 공부할 거야."

윤이도 카레가 먹고 싶었을 텐데, 자기 때문에 기지에 남아서 공부를 가르쳐 주고 있는 것이 미안했다. 대성이는 딴생각을 하지 않도록 자기 뺨을 찰싹찰싹 때렸다.

"자, 이제 평행 공부하자!"

"아까 심 박사님의 질문 기억해?"

"평생 가도 만날 수 없는 선…… 말이야?"

"그래, 이 선들을 평행이라고 해."

윤이의 대답을 들으면서도 대성이는 확실하게 이해가 되지 않았다.

"직접 그려 보면 알게 될 거야."

윤이는 이번에도 삼각자를 들었다. 그런데 하나가 아니라 두 개였다.

"선을 쭉 이어 봐도 각을 이루지 않는 평행선은 평생 가도 서로 만날 수 없겠구나."

대성이는 이렇게 쉬운 것을 몰랐다니 뒤늦은 후회가 밀려왔다.

'평행선 공부를 게을리하지 않았다면 심 박사님의 질문에 대답할 수 있었을 텐데…….'

아쉬운 마음이 들었지만 이미 엎질러진 물, 앞으로 더 열심히 공부하

평행선을 그리는 방법

"삼각자 두 개를 준비해야 해."

"수선 때는 하나면 됐는데 평행선에는 왜 두 개나 필요한 거야?"

"이렇게 하나의 삼각자를 고정시키려고."

"고정되어 있지 않은 삼각자의 직각 부분을 고정된 삼각자의 직각인 변에 맞춰."

"그래. 선을 하나 그은 후, 고정되어 있지 않은 삼각자를 조금 밑으로 내려 다른 선을 긋는 거야."

"다른 한편에 따라 직선을 긋는 거로군."

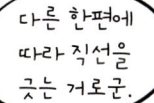
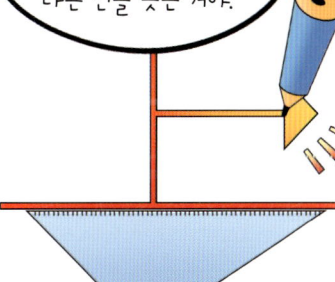

"아하! 이게 바로 평생 가도 만날 수 없는 선이라 이거지?"

"그래. 평행선을 긋는 방법은 이외에도 여러 가지가 있어. 그건 78쪽을 봐."

심훈 박사를 만나다  67

리라 다짐했다.

　대성이가 자기 생각에 빠져 있는 동안 윤이는 마당에서 도토리를 갉아 먹고 있는 다람쥐를 지켜보고 있었다.

　"어쩜, 작고 귀엽다."

　윤이는 그 다람쥐에게서 눈을 떼지 못했다.

　"어?"

　윤이의 시선을 의식했는지 갑자기 다람쥐가 나무통 사이로 달려갔다. 다람쥐가 숨어 버리자 윤이는 몹시 아쉬운 표정을 지었다.

　'윤이는 다람쥐를 정말 좋아하는구나.'

　"내가 잡아서 보여 줄게. 개구리도 맨손으로 잡을 수 있는데 다람쥐라고 못 잡겠어?"

　"괜찮아, 대성아!"

　말릴 새도 없이 어느새 대성이는 게임 속의 캐릭터처럼 날렵하게 달려가 통나무 사이에 들어간 다람쥐를 잡았다.

　'이 다람쥐를 가까이서 보면 윤이가 좋아할 거야.'

　"아악!"

　그때 비명 소리가 났다.

　황급히 뒤를 돌아보니 윤이가 다리를 잡고 있는 것이 보였다.

　"윤이야!"

깜짝 놀란 대성이는 다람쥐를 내버려 두고 윤이가 있던 곳으로 달려갔다.

"괜찮아?"

윤이가 부들부들 떨면서 다리를 움켜쥐고 있었다. 대성이는 순간 멈칫했다. 거대한 코브라가 윤이 앞에서 머리를 들고 있는 것이 아닌가.

"저 코브라 녀석이!"

생각할 겨를도 없이 아무거나 집어 코브라를 때려잡으려는데, 윤이가 힘없이 쓰러졌다.

"윤이야, 왜 그래?"

몸이 뜨거운 걸 보니 아마도 코브라의 이빨에 독이 있었던 모양이었다. 그 틈에 코브라가 재빠르게 도망쳐 버렸다.

"윤이야, 윤이야!"

윤이의 몸이 불덩이같이 뜨거웠다. 이대로 있으면 윤이가 죽을지도 모른다는 생각 때문에 조바심이 났다.

"누구 없어요? 도와주세요!"

대성이는 임시 기지 안으로 뛰어 들어가 애타게 심 박사를 찾았다.

"넌 대체 윤이 하나 못 챙기고 뭘 한 거야?"

화가 난 현도가 대성이의 얼굴에 힘껏 주먹을 날렸다.

쿵!

작은 주먹이 어찌나 매서운지 대성이는 차가운 시멘트 바닥에 나뒹굴고 말았다.

"시끄러워! 나도 챙기려고 했어."

대성이도 지지 않고 현도의 허리를 붙잡고 밀어붙였다. 대성이도 화나고 속상해서 견딜 수가 없었다.

윤이의 용태를 살피던 심 박사가 그 모습을 보고는 혀를 찼다. 미라가 말리지 않았다면 아마도 두 사람은 치고받고 싸웠을 것이다.

"얘들아, 조용히 해. 싸우고 있을 때가 아니잖아?"

"하지만 대성이 때문에 이렇게 된 건 사실이잖아?"

"윤이가 그렇게 돼서 속상하다는 건 이해해. 하지만 강 박사님이라면 이런 때 더 나은 방법을 찾아냈을 거라고 생각해."

그제야 두 사람은 싸움을 멈추었다. 그렇다고 현도의 화가 누그러진 것은 아니었다. 대성이와 현도는 거친 숨을 몰아쉬며 한동안 서로를 노려보았다.

"윤이한테 큰일이 생기면 다 네 탓이야."

대성이는 입술을 꾹 깨물었다. 침대에 누워 끙끙 앓고 있는 윤이의 얼굴을 보니 안쓰러웠다. 미라는 윤이의 이마에 물수건을 얹어주었다.

"윤이는 살 수 있을까요?"

심 박사가 재빨리 조치를 취한 덕분에 다행히 상태가 악화되지는 않았다.

"코브라의 독은 무척 치명적이지만 해독 방법이 아예 없는 건 아니야. 삼 년 전 코브라의 독에 당한 강 박사님의 동료를 본 적이 있거든. 그때 분명 해독 방법이 적혀 있는 고대 문서가 있었어."

"누나, 제발요. 꼭 찾아 주세요."

대성이는 지푸라기를 잡는 심정으로 안슈미에게 매달렸다.

"한번 찾아볼게. 하지만 쉽게 찾을 수 있을지……."

"제가 컴퓨터로 고대 문서를 찾는 일을 도울게요."

알리미는 작은 컴퓨터를 들고 윤이의 머리맡에 앉았다. 엄청난 속도로 자판를 두드리는 걸 보니 큰 도움이 될 것 같았다.

알리미는 화면에 코브라 사진을 몇 가지 띄웠다.

"어떤 코브라였는지 기억해요?"

정신이 없는 상황이었지만 코브라의 머리 위에 노란 평행선이 두 개 있었던 것 같았다.

"맞아, 평행선처럼 생겨서 확실히 기억나."

사진들에는 노란 줄무늬 코브라가 없었다.

"그럼, 이건요?"

알리미가 고대 문헌에 있는 코브라 사진을 보여 주었다. 그 코브라의 머리 위에는 대성이가 보았던 노란 줄무늬가 선명하게 나 있었다.

"맞아, 바로 이 코브라야."

그러자 안슈미가 깜짝 놀란 표정을 지었다.

"이건 신화 속에 존재하는 코브라야. 실재하는 생물이 아니지. 윤이는 이 코브라의 독 때문에 아픈 거야."

하지만 해독 방법은 있어.

"병원에 가 보면 안 되나요? 의사 선생님은 어떤 병이든 고칠 수 있잖아요?"

그러자 알리미가 고개를 저었다.

"현재의 의학으로도 평행선 코브라의 독을 중화시킬 수는 없어요."

"그렇다고 윤이가 죽게 내버려 두라고!"

"……."

현도가 고래고래 소리치는데도 알리미는 아무 말도 하지 않았다.

'어떻게 신화 속의 코브라가 나타나 윤이를 문 거지? 설마 바리문 악신들이 윤이를 노리고……? 강 박사에 이어 윤이까지…….'라는 생각이 들자 대성이는 자기도 모르게 주먹을 꽉 쥐었다.

"하지만 해독 방법은 있어."

"그게 뭐죠?"

안슈미의 말에 대성이와 현도가 동시에 고개를 들었다.

"비밀의 산인 히시야스에 있는 약초를 가지고 오면 돼."

수선과 평행선

삼각자로 수선 그리기

① 직선을 하나 그린 다음 양 끝에 ㄱ과 ㄴ이라고 써요.
② 직선 위에 점을 하나 찍고 ㄷ이라고 써요.
③ 각도기의 중심을 점 ㄷ에 맞추고, 각도기의 밑금을 직선 ㄱㄴ에 맞춰요.
④ 각도기에서 90°가 되는 눈금 위에 점 ㄹ을 찍어요. 점 ㄹ과 점 ㄷ을 직선으로 이어요.

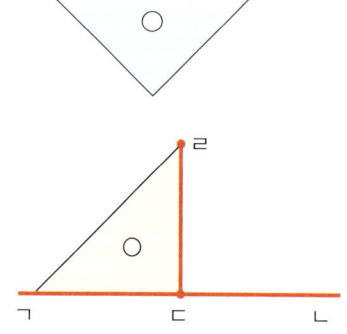

평행

평생을 가도 결코 만날 수 없는 선들을 평행이라고 해요. 평행선은 수직과 아무 상관없는 것처럼 보일 수 있지만, 사실은 한 직선에 대한 여러 개의 수선을 평행이라고 한답니다. 이것을 모른 채 그저 나란한 선이라고만 알고 있는 친구들 많이 있지요.

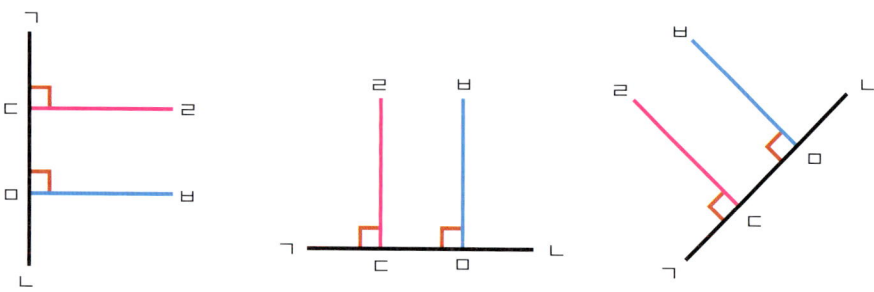

평행선 사이의 거리

아래 그림에서처럼 평행선 사이의 길이는 수선이 가장 짧은 것을 알 수 있어요. 그리고 평행선 사이에 그려진 수선의 길이는 모두 같고, 이 거리를 평행선 사이의 거리라고 부른답니다.

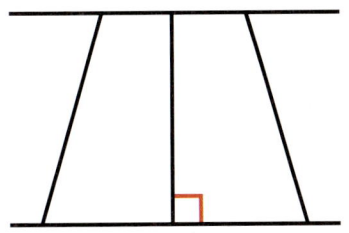

수직인 선분의 길이가 가장 짧아요.

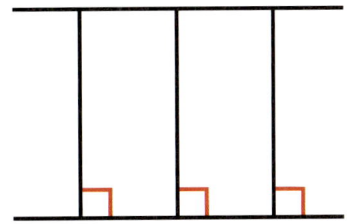

평행선 사이의 수직인 선분의 길이를 평행선 사이의 거리라고 해요.

 ## 평행선 그리는 방법

① 삼각자 두 개를 준비해요.
② 하나의 삼각자를 고정시켜요.
③ 고정되어 있지 않은 삼각자의 직각 부분을 고정된 삼각자의 직각인 변에 맞춰요.
④ 선을 하나 그은 후, 고정되어 있지 않은 삼각자를 조금 밑으로 내려 다른 선을 그어요.

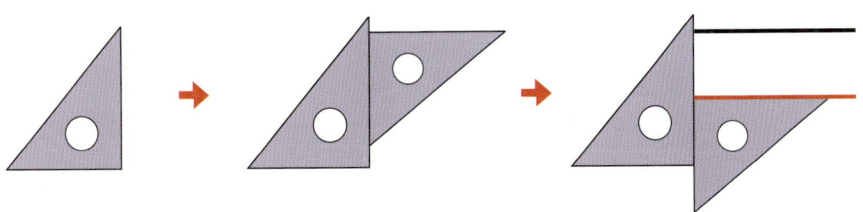

평행선 그리는 여러 가지 방법

❶

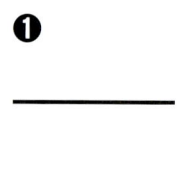 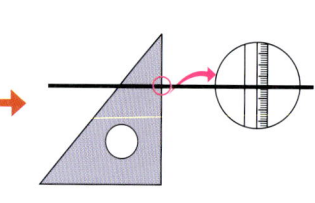 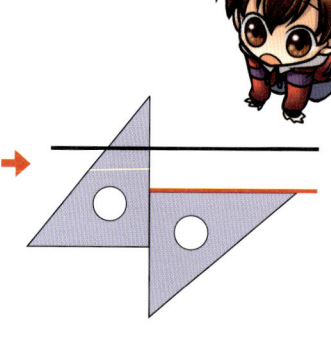

주어진 직선과 삼각자의 눈금을 겹쳐 놓아요.

왼쪽 삼각자를 고정시키고, 오른쪽 삼각자를 밑으로 내려 직선을 그어요.

❷

 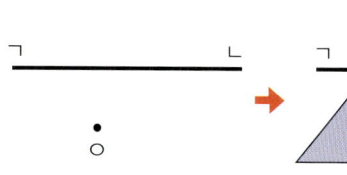 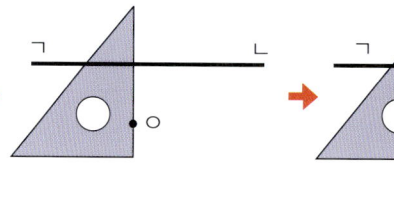 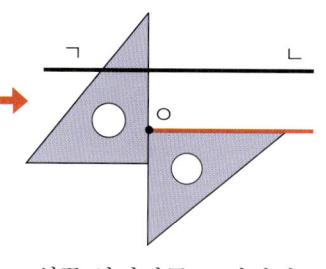

점 ㅇ에 삼각자의 한 변을 맞추고 직선 ㄱㄴ과 삼각자의 눈금을 맞춰요.

왼쪽 삼각자를 고정시키고, 오른쪽 삼각자의 직각의 꼭짓점을 점 ㅇ에 맞추어 직선을 그어요.

평생을 가도 결코 만날 수 없는 선이 바로 평행선이야!

 퀴즈? 퀴즈!

1 모눈종이를 이용하여 각각의 선분에 대한 수선을 그어 보세요.

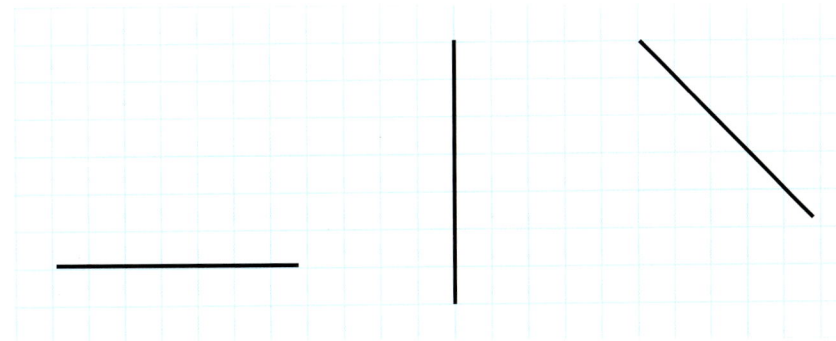

2 직선 ㄱㄴ과 평행인 직선을 가능한 한 모두 그려 보고, 알게 된 사실을 쓰세요.

ㄱ   ㄴ

알게 된 사실 : _____

3 〈보기〉에서 평행인 변을 가지고 있는 글자를 모두 찾으세요.

〈보기〉 ㄱ ㄴ ㄷ ㄹ ㅁ ㅂ ㅅ

◉ 답은 173쪽에 있습니다.

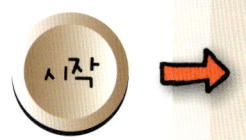

3
비밀의 산
히시야스

완전 정복 3단계 원(3~6학년)

원이란 무엇일까?

원의 둘레는 어떻게 구할까?

원의 지름이란?

"윤이를 구할 수 있는 약초는 히시야스 산 정상에 있어. 강 박사님은 이 년 전에 히시야스 산에서 히바카라는 노인을 만났어. 이 노인이 인간인지 신인지는 몰라. 다만 그가 키우는 약초가 어떤 뱀의 독이라도 해독할 수 있다는 거야."

알리미는 책장을 뒤져 오래된 책을 꺼냈다. 낡은 신화책을 받아든 안슈미가 책에서 무언가를 찾기 시작했다. 안슈미가 펼쳐 보인 곳에는 이상한 모양의 약초가 그려져 있었다. 잎의 모양이 원형으로 생긴 독특한 모양의 약초였다.

"그게 바로 붉은 약초군요! 그걸 가지고 오면 되겠네요!"

아이들은 윤이를 살릴 수 있다는 희망에 기뻐했다.

"그런데 히시야스 산에는 어떻게 가죠?"

"히시야스 산은 보통 산이 아니야. 이 세상에는 존재하지 않는 비밀의 산이지."

"뭐라고요?"

"대성이가 본 코브라는 신화 속에 나오는 뱀이라고 했지? 히시야스 산도 마찬가지야. 현실에는 존재하지 않지만 신화의 세계에서는 존재하고 있지."

"현실에 존재하지 않는데, 거길 어떻게 가요?"

그러자 안슈미는 대성이에게 낡은 지도를 건네주었다.

대성이는 냉큼 지도를 펼쳐 보았다. 임시 기지 너머에 히시야스 산으로 가는 입구가 푸른 X자로 표시되어 있었다. 거리는 4km정도밖에 되지 않았다.

"푸른 X자의 위치에는 호수가 하나 있어. 이걸 받아 두렴."

안슈미는 목에서 목걸이를 벗어 대성이에게 주었다. 죽은 벌레가 들어 있는 오래된 호박 목걸이였다.

"벌레가 있는 돌멩이잖아요?"

"이건 보통 돌멩이가 아니야. 히시야스 산의 일부를 담고 있거든. 그 호수 안에 이걸 넣으면 히시야스 산으로 가는 입구가 열릴 거야."

말도 안 되는 것처럼 들리는 정보지만 강 박사가 직접 가르쳐준 방법이라고 하니 믿음이 갔다.

"그런데 안슈미 누나가 왜 그걸 가지고 있어요?"

옆에서 조용히 이야기를 듣고 있던 수영이의 질문에 안슈미가 난처한 표정으로 대답했다.

"만일에 대비해서 강 박사님이 내게 맡겨 두었거든."

강 박사는 인도를 떠나 한국으로 갔고, 심 박사와 안슈미는 이 임시

기지에 남았기 때문이라고 했다.

"게다가 히시야스 산에 갈 수 있는 사람은 둘뿐이야. 강 박사님도 심 박사님과 함께 히시야스 산으로 갔지."

아이들은 모두 심 박사를 바라보았다. 윤이의 상태를 살펴보는 심 박사는 히시야스 산에 대해 관심이 없는 것 같았다.

"윤이는 나 때문에 그렇게 됐어. 반드시 내가 가야 해."

대성이가 앞으로 나섰다.

현도를 뺀 다른 아이들은 대성이 말에 고개를 끄덕였다. 수학 실력은 부족하지만 다섯 명 중 체력이 가장 좋고, 전투 능력이 뛰어났기 때문이었다.

"한 사람이 더 필요한데……."

심 박사가 도와주면 좋겠다고 생각하고 있던 대성이 앞에 현도가 나섰다.

"나도 가겠어."

수학 실력이 뛰어난 현도가 간다면 안심이겠지만 지금은 좀 껄끄러웠다. 윤이가 쓰러진 이후 현도와 사이가 좋지 않았기 때문이었다.

"나 혼자서도 윤이를 구할 수 있어."

"시끄러워. 평행선도 제대로 알지 못하는 널 어떻게 믿어?"

대성이는 주먹을 꾹 쥐었다. 현도의 말에 화가 났지만 모두 사실이었

기 때문에 반박할 수가 없었다.

"그러지 말고, 두 사람이 힘을 합쳐서 꼭 약초를 구해 와."

"……."

"흥!"

대성이와 현도는 서로에게 등을 돌렸다.

결국 두 사람이 히시야스 산으로 가서 약초를 구해 오기로 결정했다.

대성이는 배낭에 윤이의 정리 공책, 삼각자와 각도기, 휴대용 게임기, 여벌의 옷까지 꼼꼼하게 챙겼다. 물론 매스워치도 잊지 않았다. 미지의 산인 히시야스 산에 오를 것에 대비한 것이었다.

"알리미의 정보에 따르면 윤이가 버틸 수 있는 건 스물네 시간뿐이야. 그 시간이 지나면 윤이는 더 위험해지니까 약초를 가지고 빨리 돌아와야 해. 빠르면 빠를수록 좋아."

"알겠어요!"

막 떠나려던 대성이는 침대에 누워 있는 윤이를 돌아보았다.

"그동안 윤이는 나와 수영이한테 맡겨 둬. 두 사람이 돌아올 때까지 정성껏 간호할 테니까."

"형, 약초를 찾아서 윤이 누나를 꼭 구해 주세요."

미라와 수영이의 말에, 두 사람은 단단히 각오하고 기지를 나섰다.

현도와 대성이는 호수가 있는 곳을 향해 걷고 있었다. 현도가 앞장서고 대성이는 뒤를 따랐다. 평소였다면 자기가 먼저 가겠다며 달려갔을 것이다. 하지만 지금은 여러 가지 고민으로 마음이 복잡했다.

'인도는 수학의 나라다. 언제 어디서 수학 질문을 받아도 이상하지 않다. 심 박사의 질문에 대답하지 못한 것처럼 히시야스 산에서도 실수를 반복한다면 윤이의 목숨이 위험해질 것이다.'라는 생각이 들자 대성이는 마음이 조급해졌다.

"정신 바짝 차리고 조금이라도 공부를 해 두자."

대성이는 발걸음을 옮기면서 윤이의 정리 공책을 펼쳤다.

윤이를 닮은 꼼꼼한 글씨가 공책에 가득했다. 다음 장의 내용은 원이었다.

원이 무엇인지 알고 있었지만 원의 정의를 알지 못했던 대성이는 공책에 적혀 있는 설명을 읽기 시작했다. 그러다가 아리송해 머리를 갸우뚱했다. 중점과 반지름이 원과 무슨 관계인지 잘 알 수 없었기 때문이었다. 그때 윤이가 남긴 빨간색 메모가 눈에 들어왔다.

원의 중점과 반지름

o는 원의 중점이에요. r이라고 쓰여 있는 부분은 원의 반지름이지요. 반지름은 원의 중점에서 원의 둘레까지의 길이예요. 지름은 당연히 원의 중심을 지나며 원의 둘레에 맞닿아 있는 직선이에요.

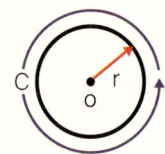

대성이는 컴퍼스 대신 손가락 두 개를 이용하여 손등에 원을 그어 보았다. 검지와 중지의 길이가 달라 완전한 원을 그릴 수 없었지만 그런 대로 윤이의 설명이 쉽게 이해가 됐다.

반지름만 알고 있으면 컴퍼스를 이용해서 원을 그릴 수 있다. 반대로 원과 중점을 알고 있으면 자를 이용하여 반지름도 알 수 있게 된다. 원의 어디에서 재더라도 반지름의 크기는 똑같기 때문이다.

"생각보다 어렵지 않은데!"

대성이는 무릎을 탁 쳤다. 현도는 지도와 나침반을 들고 잰걸음으로 앞서 가고 있었다.

"얼마나 갔어?"

"……."

아직도 화가 풀리지 않았는지 현도는 아무런 말도 하지 않았다.

'아무리 그래도 친군데……, 그렇게 무시하냐?'

그런 현도가 얄미웠지만 대성이는 화를 꾹 참았다.

'윤이를 걱정하기 때문에 저러는 거야. 화내는 건 당연해.'

대성이가 알고 있는 현도는 과묵하고 냉철하지만 사람을 진심으로 미워하는 녀석은 아니었다. 수학을 못한다고 구박하면서도 자기에게

왼쪽 그림에서 반지름은 선분 ㅂㅁ이 돼. 오른쪽에서는 선분 ㄴㅁ과 선분 ㅁㄹ이 반지름이야.

한 원 안의 반지름의 길이는 모두 같아. 마지막으로 지름은 선분 ㄴㄹ이지.

꾸준히 수학 공부를 가르쳐 주었던 걸 생각하니 잠시 현도에게 섭섭했던 마음이 누그러졌다.

"좋아, 공부나 계속하자."

대성이는 자기가 할 수 있는 일에 최선을 다하기로 마음먹었다.

반지름까지 암기하고 있었을 때 현도가 걸음을 멈추었다. 빠른 걸음을 쉬지 않고 걸었는데도 두 사람은 힘든 기색조차 없었다. 현도는 윤이 걱정에, 대성이는 수학 공부에 몰입하고 있었기 때문이었다.

두 사람의 앞에는 작은 호수가 있었다. 지도를 보니 히시야스 산으로 가는 길이 맞는 것 같았다.

"그 목걸이를 넣어 봐."

현도가 말을 꺼내기 전에 대성이는 호박 목걸이를 손에 들고 있었다. 대성이가 호박 목걸이를 물속에 던지자 잔잔하던 호수에 둥근 파문이 일기 시작했다. 두 사람은 말없이 호수를 바라보았다. 너무 조용해서 숨이 멎을 것만 같았다.

'혹시 아무 일도 일어나지 않는 거 아냐?'

실망하려던 차에 호수의 물이 소용돌이치면서 서서히 줄어들더니 깊은 웅덩이가 나타났다.

'우아, 굉장하다. 완전 영화 같잖아!'

안쪽을 들여다보니 웅덩이 가운데에 우물처럼 생긴 네모난 구멍이 뚫려 있는 것이 보였다. 대성이와 현도는 조심스럽게 그곳으로 내려갔다. 바닥에는 안슈미에게 받은 호박 목걸이가 떨어져 있었다. 대성이는 그것을 주워 들고 입구로 달려갔다.

캄캄한 긴 동굴을 지나자 두 사람의 눈앞에 은빛으로 빛나는 설산이 나타났다.

"우아, 여름인데 눈이 오고 있어."

신비의 산이라더니 역시 보통 산은 아닌 모양이었다. 처음에는 놀라

운 광경에 신이 났었는데 시간이 지날수록 점점 추워졌다. 대성이와 현도는 가방에서 옷을 꺼내 껴입었다. 만약 옷을 가지고 오지 않았다면 얼어 죽었을 지도 모르겠다.

"이 산에 붉은 약초가 있다고 했지."

현도는 주먹을 꾹 쥐고 앞장서 걷기 시작했다. 대성이도 뒤를 따랐다. 눈보라가 눈앞을 가려서 공부하면서 갈 수 없는 상황이었다. 대성이는 머릿속으로 윤이의 공책에서 보았던 원주율과 원의 둘레를 구하는 공식에 대해 복습했다.

'다음은 원의 넓이 차례인데…….'

대성이가 원의 넓이를 구하는 공식을 다 외웠을 때쯤 거의 정상에 도착해 있었다.

원의 둘레 구하기

(원의 둘레) = (지름) × (원주율) = 지름 × 3.14
지름은 반지름의 2배이므로 반지름이 주어졌을 때에도 원의 둘레를 구할 수 있어요.
혹은 (원의 둘레) = 반지름 × 2 × 3.14

히시야스 산의 정상에는 책이나 영화에서 보았을 법한 석조 건물이 우뚝 서 있었다. 석조 건물의 기둥에는 신의 모습을 형상화한 듯한 조각이 새겨져 있었다. 건물 안은 아무것도 없이 뻥 뚫려 있었다.

두 사람은 그곳에서 붉은 약초를 가지고 있다는 히바카 노인을 찾기로 했다. 하지만 아무리 살펴보아도 사람의 그림자는커녕 발자국조차 찾아볼 수 없었다.

의아하게 생각하던 현도는 자신의 발밑에서 원을 발견했다. 원은 두 개였다. 그리고 원의 중심점과 반지름이 적혀 있었다.

현도는 반지름이 5cm인 원을, 대성이는 반지름이 15cm인 원 앞에 섰다. 그 옆에 쓰여 있는 글은 읽을 수 없었으나 원의 둘레가 노란색으로 되어 있는 것을 보니 예사롭지 않은 느낌이 들었다.

"좋아, 원의 둘레를 계산해서 이 안에 적어 보자."

역시 계산은 현도가 빨랐다.

"10×3.14는 31.4!"

현도는 재빨리 암산을 하여 답을 원 안에 적었다. 그런 다음에 원을 밟자 현도의 모습이 순식간에 사라져 버렸다. 마치 영화에서처럼 텔레포트라도 한 것 같았다.

"나도 빨리 해 봐야겠어."

대성이가 선택한 원의 반지름은 15cm였다. 원의 둘레를 구하기 위한 공식은 2×(반지름)×3.14(원주율).

"2×15×3.14는……, 30×3.14."

대성이는 쭈그리고 앉아 차근차근 계산을 했다.

"그래, 원의 둘레는 94.2다!"

답을 적고 원을 밟자 대성이의 몸도 슝 하더니 다른 곳으로 이동했다. 눈 깜짝할 사이에 대성이는 현도 옆에 서 있었다.

두 사람이 있는 곳은 사방이 막힌 공간이었다. 벽면에는 돌로 된 조각이 새겨져 있고, 바닥에는 돌로 만들어진 의자가 있

었다. 그리고 가운데에 커다란 석상이 덩그렇게 놓여 있었다.

어리둥절해 있던 대성이와 현도는 이내 정신을 차리고 약초를 찾기 시작했다. 하지만 눈을 크게 뜨고 구석구석까지 다 찾아봐도 붉은 약초는 보이지 않았다.

"이상하네. 도대체 어디에 있는 거야?"

윤이에게 남은 시간이 얼마 없는데, 약초가 보이지 않으니 몹시 조바심이 났다. 대성이는 혹시나 하는 생각에 석상을 옆으로 밀어 보았다.

"아이고, 허리야."

순간 할아버지 모습의 석상이 갑자기 허리를 굽히며 소리를 냈다.

현도와 대성이는 자기의 눈과 귀를 의심하며 놀란 입을 쩍 벌렸다.

"꼬맹아, 너 때문에 내 허리가 부서질 뻔했잖느냐?"

석상이 입을 움직이면서 호통을 쳤다. 대성이는 순간 화가 났

지만 허리를 콩콩 치고 있는 석상을 보니 왠지 미안한 생각이 들었다.

"전 꼬맹이가 아니라 대성이에요. 그리고 그렇게 서 있으니까 허리가 아프죠. 앉아 있으면 되잖아요?"

"요 녀석이 뚫린 입이라고 말하는 것 좀 보게. 의자가 저렇게 멀리 있는데 어떻게 앉으라는 거냐. 보고도 모르는겠냐?"

석상은 다리가 바닥에 붙어 있어 그 자리에서 움직일 수 없었다.

"제가 의자를 가져다 드릴게요."

대성이는 벽면에 있는 의자를 힘껏 밀었다. 하지만 돌로 만들어진 의자라 무거워 쉽게 밀리지 않았다.

'그러고 있을 시간이 어딨어?'

현도는 이렇게 생각하면서도 대성이를 도와 의자를 밀기 시작했다.

두 사람은 낑낑거리면서 힘겹게 의자를 옮겼다. 그제야 석상은 화를 누그러뜨리고 자리에 앉았다.

원의 넓이 구하는 공식

원의 넓이 = 원주의 1/2 × 반지름
= 지름 × 원주율 × 1/2 × 반지름
= 반지름 × 반지름 × 원주율
= 반지름 × 반지름 × 3.14

"이제야 허리가 아프지 않겠구나."

"그런데 할아버지는 누구세요?"

"내가 누구냐고? 나는 히시야스 산의 산지기인 히바카라고 한다."

'이 석상이 히바카 노인이라고?'

대성이는 깜짝 놀라며 석상을 살폈다.

원주율의 신비

원의 크기가 달라져도 원에서 원주와 지름의 길이의 비, (원주)÷(지름)은 일정해요. 이것을 원주율이라고 하지요. 원주율을 수학적으로 계산하면 3.14159……인데, 보통 반올림하여 3.14로 사용한답니다. 한번 계산해 볼까요?

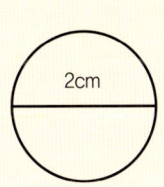
2cm
원주 : 약 6.28cm

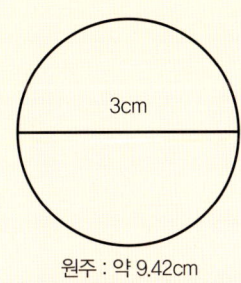
3cm
원주 : 약 9.42cm

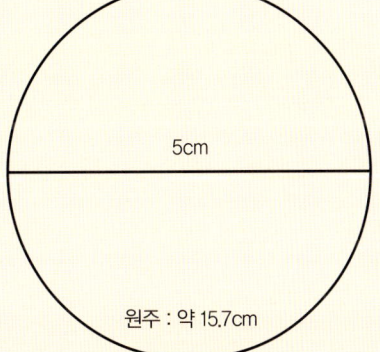
5cm
원주 : 약 15.7cm

· 지름이 2cm인 경우 → (원주율) = (원주)÷(지름) = 6.28÷2 = 3.14
· 지름이 3cm인 경우 → (원주율) = (원주)÷(지름) = 9.42÷3 = 3.14
· 지름이 5cm인 경우 → (원주율) = (원주)÷(지름) = 15.7÷5 = 3.14

"저희는 강 박사님이 남긴 지도를 보고 이 산 위로 올라왔어요. 제 친구가 평행선 코브라에게 물려서 빨리 해독하지 못하면 죽을지 몰라요. 우리한테 그 약초를 주세요."

그러자 히바카 노인은 난처한 표정을 지었다.

"너희가 도와주었으니 나도 너희에게 붉은 약초를 주고 싶은데……, 문제가 있다. 원래 주인인 마르트 신이 약초를 가지고 가 버렸어."

"뭐라고요?"

어렵게 찾아왔는데 윤이를 구할 수 없다니. 대성이는 절망감에 입술을 깨물었다. 그때 히바카 노인의 눈이 번뜩 빛났다.

"잠깐! 그건…… 손목에 있는 그걸 보여 다오."

히바카 노인이 대성이 손목에 있는 붉은색 매스워치에 관심을 보였다. 대성이와 현도는 각자의 매스워치를 히바카 노인에게 보여 주었다.

"오호, 이건 신의 징표로구나!"

히바카 노인은 돌로 된 옷깃 안에서 뒤적뒤적하더니 무언가를 꺼냈다. 놀랍게도 대성이와 현도가 가지고 있는 것과 똑같은 매스워치였다.

"그건 매스워치랑 똑같잖아요?"

"매스워치와 수학 에너지는 수학의 신 인드라의 권능에서 나온 것들이지. 다시 말하면 그것은 신의 증표라는 뜻이야. 신의 증표를 가지고 있는 너희는 마르트 신을 만날 자격이 있다."

"그럼, 마르트 신에게서 붉은 약초를 받을 수 있나요?"

"시험에 통과하면 충분히 가능한 일이다."

"무슨 시험이든 받겠어요."

그러자 히바카 노인은 처음 돌 의자가 있었던 곳을 가리켰다. 그 자리에는 노란색의 둥근 원이 있고 12cm라는 지름이 적혀 있었다. 아무래도 원의 면적을 구하라는 뜻 같았다.

"이 방에는 4개의 의자가 있지. 그 아래 있는 원의 면적을 구한다면 너희를 마르트 신전으로 보내 주마."

대성이와 현도는 힘을 합쳐 남은 세 개의 의자를 치웠다. 그러자 각각 노란색 원이 드러났다.

대성이는 5cm, 12cm 지름의 원의 면적을 맡고, 현도는 6cm, 9cm의 원을 맡았다.

현도는 금방 원의 면적을 구해 답을 적고 있었다. 대성이는 그런 현도의 발목을 붙잡지 않기 위해 재빨리 원의 면적을 구하기 시작했다.

"반지름은 지름의 반. 그러니까 지름이 5센티미터인 원의 반지름은

2.5센티미터. 원의 넓이는 반지름×반지름×원주율(3.14)니까 2.5× 2.5×3.14……."

답을 계산해 보니 19.625였다. 소수점 자리가 많아 검산을 두 번이나 해야 했다.

12cm 면적의 원도 똑같은 원리로 하니 쉬웠다.

"6×6×3.14=113.04 다했어요!"

대성이가 면적을 적었을 때 현도는 계산을 끝내고 기다리고 있었다.

"모두 정답이다. 너희는 시험에 잘 통과했다."

'야호!'

두 사람은 마음속으로 쾌재를 불렀다.

이제 남은 것은 마르트 신에게서 약초를 얻어 오기만 하면 윤이는 살 수 있을 것이다.

수학자들이 원주율의 긴 값을 기억하는 방법

수학자들은 몇 백 자리나 되는 원주율의 값을 어떻게 외웠을까요? 놀랍게도 아주 쉽게 기억하는 방법이 있었다고 해요. 예를 들어 볼까요? 다음 문장을 살펴보면 각 단어들의 철자 수가 원주율에 들어가는 숫자들을 나타내고 있는 것을 알 수 있어요.
How(3개) I(1개) want(4개) a(1개) drink, alcoholic of course, after the heavy lectures involving quantum mechanics! (원주율=3.14159265358979)

원주율 이야기

수학자들은 원의 둘레를 구하기 위해 여러 가지 방법을 시도했어요.
어떤 방법들이 있는지 함께 살펴보아요.

《구장산술》에서의 원주율

《구장산술》은 중국에서 전해 내려오는 아주 오래된 수학책이에요. 이 책에는 피자를 자르는 것처럼 원을 아주 잘게 잘라 원의 둘레를 구하는 방법이 나와 있어요. 원을 아주 잘게 자르면 직사각형에 가까운 모양이 나오는데, 원을 쪼갤 수 없을 때까지 잘게 쪼개면 원(주)와 일치한다고 생각했어요.

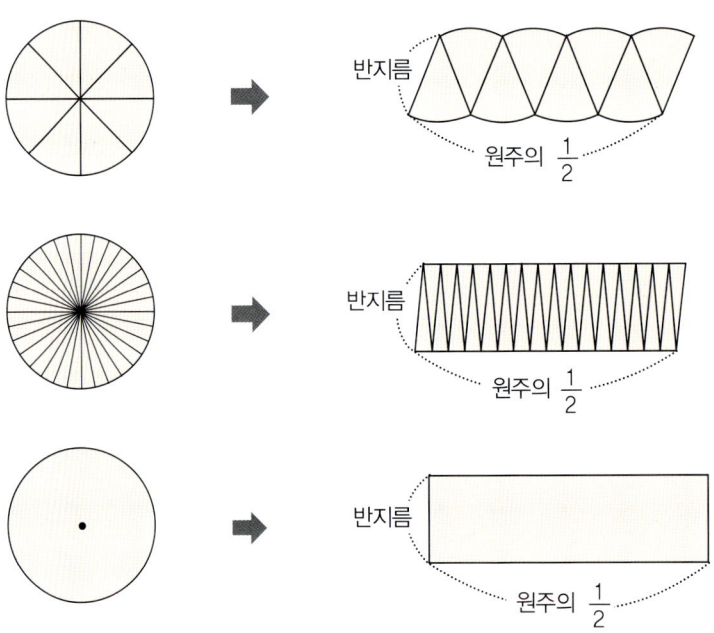

이렇게 해서 원주율=157/50=3.14이라는 값을 얻었어요. 그런 다음 원의 안쪽에 들어가는 정 3072각형의 면적을 계산해서 정확도가 높은 원주율 =3927/1250=3.1416이라는 값을 얻었지요.

 ## 안티폰의 원주율

기원전 4백 년 전쯤에 살았던 그리스 수학자 안티폰은 아래와 같이 원의 둘레를 구하는 방법을 생각해 냈어요.

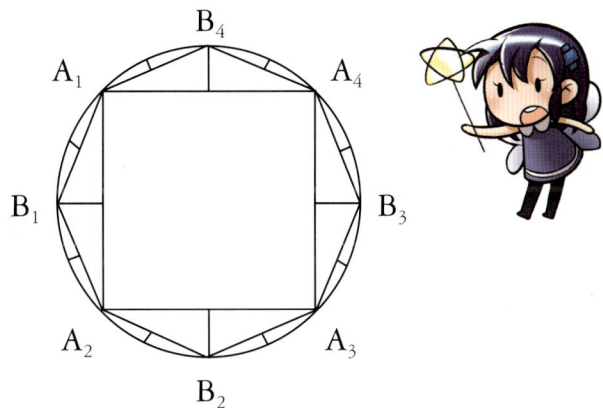

① 원에 꼭 맞는 정사각형을 그린 다음에 사각형의 둘레를 구한다.
② 정사각형 밖으로 나와 있는 원의 나머지 부분에 두 변의 길이가 같은 삼각형을 그려서 정팔각형을 만들어 그 둘레를 구한다.
③ 정팔각형 밖으로 나와 있는 부분에 이등변 삼각형을 다시 그려서 둘레를 구하고, 또다시 정십육각형을 만들어 그 둘레를 계산한다.

아르키메데스의 원의 둘레 구하기

기원전 3세기경의 그리스 과학자 아르키메데스는 또 다른 방법으로 원의 둘레를 구했어요. 어떤 방법인지 살펴볼까요?

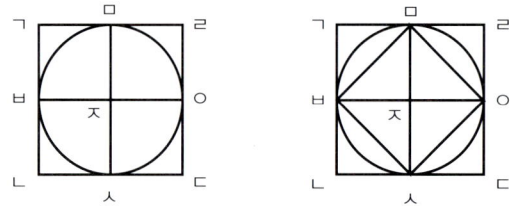

① 반지름이 1인 원을 그려 그 원의 바깥으로 원이 쏙 들어가는 사각형을 그린다.
② 원 안에 정사각형을 그리되 정사각형의 모서리가 원의 안쪽에 닿게 그린다. 그럼, 이 정사각형의 둘레는 원의 둘레보다 작을 것이다.
③ 다음에는 사각형이 아닌 육각형을 그린다. 그러면 원의 바깥에 있는 육각형과 원 안에 있는 육각형의 둘레 사이에 원의 둘레가 있을 것이다. 도형의 변의 수를 늘릴수록 원의 둘레에 점점 가까워질 것이다.

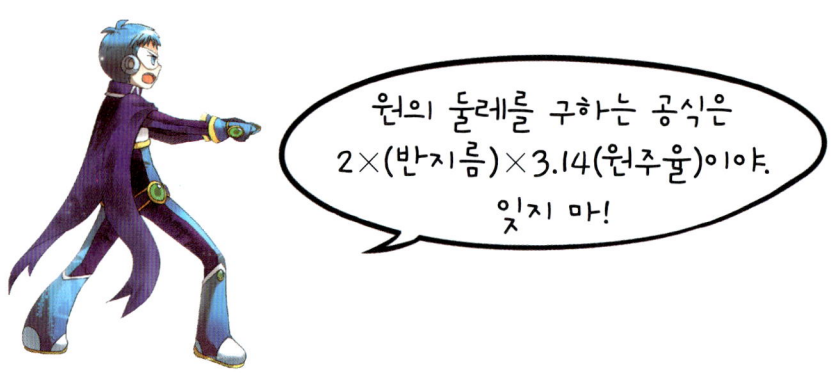

원의 둘레를 구하는 공식은 2×(반지름)×3.14(원주율)이야. 잊지 마!

 **퀴즈? 퀴즈!**

1 운동장에 2m의 원을 그릴 수 있을까요? 어떤 방법으로 그릴 수 있을까요?

2 태극기 속 태극 모양을 그려 보세요.

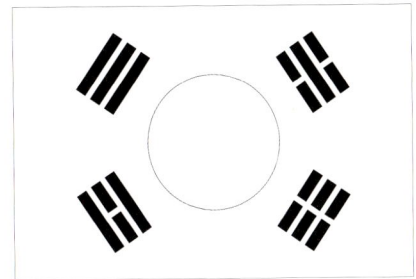

3 캔의 둘레와 지름을 측정하여 원주율을 구해 보세요.

준비물 : 캔 3개, 실, 가위, 자, 계산기
① 캔의 둘레에 실을 묶은 후 가위로 잘라서 그 길이를 측정하여 기록한다.
② 지름의 길이를 측정하여 기록한다.
③ 똑같은 방법으로 캔 2개의 둘레와 지름의 길이를 측정하여 기록한다.
④ 각각 둘레를 지름으로 나눈다.

	캔 둘레의 길이	지름	내가 구한 원주율(둘레)÷(지름)
캔 1			
캔 2			
캔 3			

◉ 답은 174쪽에 있습니다.

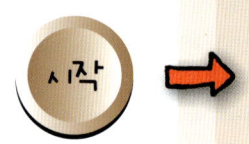

4
삼각형의 시련

완전 정복 4단계 여러 가지 삼각형(3~6학년)

예각 삼각형이란?

이등변 삼각형이란?

'모'란 무엇일까?

삼각형 세 각의 합은 몇 도일까?

자세가 바른 삼각형이란?

히바카 노인은 순간 이동 능력을 이용하여 대성이와 현도를 마르트 신전으로 보내 주었다.

어느새 대성이와 현도의 눈앞에 이집트 피라미드처럼 생긴 신전이 우뚝 서 있었다. 두 사람은 말없이 신전의 문을 향해 걸어갔다. 문 앞에는 도마뱀 얼굴을 한 문지기가 창을 들고 서 있었다.

"으악, 도마뱀이다!"

대성이가 자기도 모르게 소리치는 바람에 도마뱀 문지기의 시선을 끌고 말았다. 순간 대성이는 매끈한 머리 위에서 차갑게 빛나는 눈동자와 마주쳤다. 놀라서 뒷걸음질을 치려는데 도마뱀이 갑자기 울음을 터뜨렸다.

"어?"

갑작스런 상황에 대성이와 현도는 어쩔 줄 몰라 하며 울고 있는 도마뱀을 바라보았다.

"저기……, 아저씨……."

대성이가 우물쭈물 말을 건네 보았지만 도마뱀은 콧물까지 줄줄 흘리면서 펑펑 울고 있었다. 대성이는 배낭에서 수건을 꺼내어 도마뱀에게 주었다.

"훌쩍…… 고마워…… 훌쩍."

"왜 그렇게 우세요? 아저씨가 마르트 신인가요?"

대성이가 이렇게 묻자 도마뱀은 한참 후에야 대답했다.

"훌쩍, 천 년 만에 사람을 봤더니 눈물이 멈추질 않는구나……. 훌쩍훌쩍……, 이곳에서 얼마나 외로웠는지……."

그대로 내버려 두었다가는 눈물바다가 될 것만 같았다.

"훌쩍, 난 문지기 카마슈라고 해. 마르트 신은 이 신전의 깊숙한 곳에 계셔. 훌쩍……, 이렇게 사람을 만나는 날이 다시 올 줄이야…… 그동안 너무 춥고 외롭고…… 훌쩍!"

'이 도마뱀은 정말로 사람이 그리웠나 보구나.'

대성이는 카마슈가 가여운 생각이 들었다.

너무 울어대는 통에 대성이와 현도는 잠시 도마뱀이 진정하기를 기다렸다.

"저희는 마르트 신을 꼭 만나야 해요. 친구가 평행선 코브라에게 물려서 붉은 약초를 가지고 가지 않으면 큰일 나거든요."

아이들이 애원하자 그제야 카마슈는 코를 큼큼거리며 말을 꺼냈다.

"너희가 이곳에 있는 건 신의 징표를 가지고 있다는 뜻이겠지. 좋다, 마르트 신을 만나게 해 주지!"

카마슈의 시원스러운 대답에 대성이와 현도의 얼굴빛이 환하게 밝아졌다.

"하지만 신전의 시험을 통과해야만 한다."

갑작스런 실망에 대성이와 현도는 자기도 모르게 한숨 소리를 냈다.

"한시가 급한데 왜 자꾸 빨리 만나지 못하게 하는 거예요?"

대성이가 불만을 터뜨리자 카마슈가 매끈한 머리를 긁적였다.

"얘들아, 나라고 천 년 만에 만난 너희를 괴롭히고 싶겠니? 이게 다 마르트 신의 영험한 능력을 노리는 나쁜 녀석들 때문이니, 너희가 좀 이해해다오."

카마슈가 사정하자 대성이와 현도도 어쩔 수 없이 수긍해야 했다. 온순한 성격의 카마슈를 두 사람이 몰아붙이면 또다시 울음을 터뜨릴지도 몰랐기 때문이었다.

"좋아, 윤이를 위해서 빨리 통과하자."

대성이가 빨리 설명해 달라며 재촉했다. 카마슈는 대성이의 수건에 팽 소리가 나도록 코를 풀더니 설명을 시작했다.

"너희는 각각 한 사람씩 다른 미로로 들어가게 된다. 그런 다음 정해진 과제를 모두 수행하면 마르트 신을 만날 수 있게 될 것이다."

게임왕을 꿈꾸었던 대성이는 미로 게임에 자신이 있었다.

"친구를 위하는 너희 마음이 갸륵하니 중요한 귀띔을 하나 해 주지. 이 미로는 너희가 가진 통찰력만으로는 빠져나갈 수 없다. 반드시 삼각형에 대해서 알아야 해."

"삼각형이요?"

"마르트 신전은 도형으로 이루어져 있거든. 그중에서도 미로는 삼각형에 대해서 알지 않으면 절대 빠져나갈 수 없지."

'삼각형은 아직 못 배웠는데…….'

불안한 마음에 대성이는 정리 공책을 끌어안았다.

'정리 공책이 없었다면 정말 큰일 났을 거야.'라는 생각에 대성이는 새삼스레 윤이에게 고마운 마음이 들었다.

"자, 지금 시험을 받겠느냐?"

카마슈의 물음에 대성이는 머뭇거리면서 대답했다.

"시험을 받겠습니다."

현도는 불안해하는 대성이를 바라보더니 먼저 앞으로 나섰다.

대성이는 자기에 대한 배려도 없이 무작정 앞서 나가는 현도를 보고 씁쓸한 마음이 들었다.

"각오는 됐겠지? 그럼, 문을 열어 주마."

카마슈는 신전의 왼쪽 문을 열었다. 현도는 주저하지 않고 안으로 성큼 들어갔다.

'치사한 녀석, 아직도 화났나?'

하지만 현도를 탓하고 있을 수만은 없었다.

"꼬마야, 너는 어떻게 하겠느냐?"

"저는 이걸 조금만 보고 들어가겠어요."

대성이는 윤이가 해 준 정리 공책에서 삼각형 부분을 펼쳤다.

직각은 종이의 모서리처럼 똑바르기 때문에 찾기가 쉬웠다. 반면 예

각으로만 이루어진 삼각형은 직각 삼각형을 찾기보다 더 까다로웠다. 하지만 다른 삼각형들보다 각 변이 짧은 느낌이었기 때문에 아주 힘들지는 않았다. 그리고 둔각 삼각형은 부채꼴에 가까운 모양이라 찾기가 어렵지 않았다. 대성이는 여러 종류의 삼각형을 분별해 낼 수 있게 되자 이내 자신감이 생겼다.

대성이는 윤이가 해 준 체크 포인트에서 고개를 끄덕였다.

"누군지 설명을 아주 야무지게 해 놓았구나."

정리 공책을 힐긋 보던 카마슈가 무심코 말을 꺼냈다.

"저를 도와준 친구예요. 저 때문에 윤이는 평행선 코브라에게 물려서 죽을지도 몰라요. 그러니까 제가 열심히 하지 않으면 안 돼요."

'좌절하지 않고 잘못을 고쳐서 앞으로 나아갈 아이야.'

카마슈는 공책을 보고 열심히 복습하는 대성이를 보고 기특해 미소 지었다.

"도형에 대한 네 열의에 절로 감탄이 나오는구나. 넌 먼저 들어간 아이처럼 많이 아는 것은 아니지만 분명히 재능이 있어. 특별히 내가 한 수 더 가르쳐 주지."

"문지기 아저씨가 그런 걸 가르쳐 줘도 되나요?"

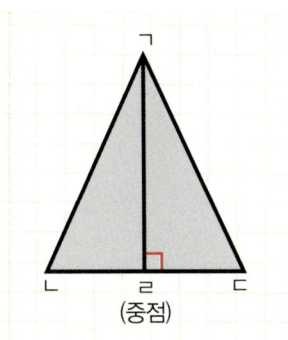
(중점)

"마르트 신은 생각보다 너그러운 분이란다."

카마슈는 들고 있는 창으로 바닥에 이등변 삼각형을 쓱쓱 그렸다.

"이 삼각형을 뭐라고 하는지 아니?"

"아뇨, 모르겠는데요?"

"삼각형 중에는 두 변의 길이가 같은 것이 있어. 두 개의 같은 길이의 변을 가지고 있다고 해서 이등변이라고 부르지. 이등변 삼각형이 같은 것은 두 변의 길이만이 아니야. 두 개의 각도 항상 같아."

카마슈는 이등변 삼각형에 대해서 설명을 술술 해 나갔다.

"그리고 이등변 삼각형에 있는 크기가 같은 두 개의 각을 밑각이라고 한단다."

대성이는 카마슈를 따라서 이등변 삼각형을 그어 보았다. 그러고 보니 확실히 밑각이 똑같았다.

"정삼각형에 대해서도 설명해 주고 싶지만 이제 출발하지 않으면 안 된다."

카마슈가 아쉽다는 듯 콧구멍을 벌렁거렸다.

유클리드 아저씨 가라사대

1. 직선 도형이란 직선에 의해 둘러싸인 도형이며, 세 개의 직선으로 둘러싸인 도형을 삼각형, 네 개의 직선으로 둘러싸인 도형을 사각형이라 한다.
2. 삼각형 가운데 세 변이 같은 것을 등변 삼각형, 두 변만이 같은 것을 이등변 삼각형, 세 변이 모두 같지 않은 것을 부등변 삼각형이라고 한다.
3. 삼각형 중에서 직각 삼각형은 한 각이 직각인 것이고, 둔각 삼각형은 한 각이 둔각인 것이며, 예각 삼각형은 세 각이 예각인 것이다.

"현도가 먼저 갔으니 상관없지 않나요?"

"신전의 미로를 통과하기 위해서는 두 사람이 함께 목적 지점에 도착하지 않으면 안 돼. 네 친구가 아무리 빨리 미로를 통과해도 네가 빨리 가지 않으면 마르트 신을 만날 수 없어."

"공부는 들어가서 계속하면 돼요. 빨리 들여보내 주세요."

대성이가 말하자 카마슈는 아쉬운 듯 오른쪽 문을 열어 주었다.

"많은 시련이 너를 기다리고 있겠지만 열정을 잃지 않으면 반드시 미로를 통과할 것이다. 그럼, 나는 먼저 가서 기다리고 있으마. 뭐든지 차근차근 해 나가는 게 중요하다는 사실을 기억하거라."

"고마워요, 카마슈 아저씨."

다행히 미로 안은 어둡지 않았다. 대성이는 긴장을 풀기 위해 숨을 깊게 내쉬었다. 그러고는 예각 삼각형과 둔각 삼각형, 직각 삼각형을 복습하며 미로를 걸어갔다. 처음 들어간 길의 맞은편에는 세 각이 모두 90°보다 작은 예각 삼각형이 그려져 있었다. 그리고 삼각형 위에는 흰색으로 된 스위치가 있었다.

똑딱! 스위치를 누르자 미로가 바뀌더니 새로운 길이 나타났다. 그 길을 쭉 따라가 보니 갈림길이 나왔다. 잠시 고민하던 대성이는 왼쪽 길로 방향을 잡고 걸어갔다. 그러자 직각 삼각형이 보이고, 그 위에 빨간색 스위치가 있었다. 대성이는 무심코 빨간색 스위치를 누르려다 갑자기 손을 멈췄다.

"잠깐, 여기는 빨간색 스위치야. 이걸 누르지 말고 다시 갈림길로 되돌아가 오른쪽 길로 가 보는 게 좋겠어."

대성이는 조심스럽게 오른쪽 길을 따라 걸어갔다. 그러자 예각 삼각형이 그려져 있고, 삼각형 위에는 흰색 스위치가 있었다.

"왼쪽 길에서는 직각 삼각형이 있었고, 그 위에 빨간색 스위치가 있

었어. 그래, 이번에도 흰색 스위치를 누르는 것이 좋겠어."

똑딱! 스위치를 누르자 또다시 다른 길이 나왔다. 그런데 이번에도 갈림길이었다. 처음 간 길에는 흰색 스위치가 있는 둔각 삼각형이 나왔다. 맞은편 길에는 빨간색 스위치가 그려진 직각 삼각형이었다.

"흰색 스위치를 따라가겠어."

게임을 할 때처럼 감을 믿고 흰색 스위치를 눌렀다. 문이 열리고 다른 미로가 나타났다. 이번에는 빨간색 스위치의 둔각 삼각형과 흰색 스위치의 예각 삼각형이 나왔다.

"아까 예각 삼각형(흰색), 예각 삼각형(흰색), 둔각 삼각형(흰색)이었으니 이번에는 흰색 스위치의 예각 삼각형일 가능성이 있어. 하지만 예각 삼각형, 예각 삼각형이었으니 이번에는 둔각 삼각형, 둔각 삼각형이라면……."

대성이는 주저하지 않고 둔각 삼각형 쪽을 선택했다. 스위치보다 삼각형이 더 중요하다고 생각했기 때문이다.

드르륵 소리를 내며 문이 열렸다. 이번에는 직각 삼각형을 찾았다. 그리고 직각 삼각형 위에 있는 빨간색 스위치를 눌렀다. 다음 길에서도 직각 삼각형을 찾았다. 드디어 막바지에 다다랐다. 그런데 흰색 벽이 대성이의 앞을 가로막고 있었다. 벽 앞에는 한글이 적힌 푯말이 보였다.

 자세가 바른 삼각형에 대해 아직 배우지 못한 대성이는 시간이 없다는 생각에 마음이 초조해졌다.

 '뭐든지 차근차근히 해 나가는 게 중요하다는 사실을 기억하거라.'

 문득 카마슈가 했던 말이 떠올랐다. 대성이는 재빨리 윤이의 정리 공책을 펼쳤다.

 "그렇구나! 각도기와 자만 있으면 되는 거였어. 원지름은 어디서 재도 똑같으니까 두 개의 원을 이용하면 정삼각형을 깨끗하게 그릴 수 있구나!"

 대성이는 배낭에서 각도기와 컴퍼스를 꺼내 정삼각형을 그리기 시작했다.

'이제 된 건가?'

이렇게 생각하는 순간 드르륵 문이 열렸다. 대성이가 나온 문의 맞은편에 있던 문도 드르륵 열리더니 현도가 들어왔다. 두 사람이 동시에 들어올 수밖에 없다고 말한 카마슈의 말이 맞았던 것이다.

현도는 삼각형 문제를 풀고서 지금껏 기다렸던 탓인지 얼굴빛이 초조해 보였다.

"두 사람이 모두 문제를 풀지 못하면 그 문은 열리지 않아. 둘 다 수고 많았다."

그들을 기다리고 있었던 도마뱀 얼굴의 카마슈가 반갑게 말했다. 그러고는 곧 콧물을 훌쩍거렸다. 아이들이 잘해 주어서 내심 감동한 모양이었다.

'대성이가 그새 문제를 모두 풀었단 말이야?'

현도는 기쁜 기색이 역력한 대성이를 바라보았다. 아직도 대성이에게 화가 나 있었지만 그 열성만은 인정하지 않을 수 없었다.

"너희는 곧 마르트 신을 만나게 될 거야."

삼각형의 성질

한 번 정삼각형은 영원한 정삼각형으로 생각하는 친구들이 많아요. 하지만 정삼각형은 이등변 삼각형이 될 수도 있고, 예각 삼각형이 될 수도 있다는 사실을 잊지 마세요. 그러므로 삼각형의 성질을 잘 알아서 그 포함 관계를 익혀 두는 게 좋겠죠?

카마슈의 등 뒤에는 여러 가지 도형 모양으로 장식된 커다란 문이 있었다. 그 문 뒤에 마르트 신이 있을 것이다.

"하지만 천 년 만에 만난 너희를 이대로 떠나보내야 하다니, 내 마음이 허전하……"

카마슈는 말을 끝내지 못하고 엉엉 울음을 터뜨렸다. 천 년 동안 홀

로 신전을 지키고 있다 보니 정말로 많이 외로웠던 모양이었다.

"훌쩍, 너희는 어서…… 훌쩍 친구를 구하러…… 훌쩍 가 보려무나…… 흑흑흑!"

현도는 그런 카마슈를 무시하고는 곧장 문 쪽으로 걸어갔다. 대성이도 현도와 같은 마음이기는 했지만 카마슈를 그대로 두고 가려니 가슴이 아팠다.

"울지 마세요."

대성이는 이번에도 카마슈에게 손수건을 건넸다. 엄마가 두세 장씩은 꼭 가지고 다녀야 한다며 챙겨 주었을 땐 솔직히 귀찮았지만 지금 보니 잘했다는 생각이 들었다.

"고맙다…… 훌쩍, 딸꾹!"

딸꾹질까지 하는 카마슈를 보니 안쓰럽다는 생각이 들었다. 현도는 어느새 문 안으로 들어가 버리고 없었다.

'그래!'

대성이는 배낭에서 게임기를 꺼냈다. 비행기를 타고 오면서 했던 그 게임기였다.

"제가 아끼는 게임기인데, 아저씨 드릴게요. 게임을 하다 보면 외로움이 덜할 거예요."

카마슈는 훌쩍거리면서 게임기를 받아들었다.

"이건 뭐냐?"

"이렇게 전원을 넣고 게임을 하면 되는 건데요, 아저씨는 수학을 잘하니까 금방 잘하실 수 있을 거예요."

"고맙다."

눈물로 얼룩진 카마슈는 대

성이를 보고 히죽 웃어 보였다. 게임을 할 걸 생각하니 조금은 덜 외로울 것 같은 모양이었다.

"꼬마야, 나도 네게 작은 선물을 주마. 눈을 감아 보렴."

대성이가 살며시 눈을 감자 카마슈의 손에서 강렬한 온기가 전해져 왔다. 처음에는 불에 데인 것처럼 후끈 하더니 금세 가라앉았다.

"방금 그 느낌은 뭐예요?"

"내가 네게 준 능력은 정신을 집중하는 것만으로 사물의 길이를 측정할 수 있는 능력이야."

"우아! 정말 그럴 수 있나요?"

"한번 해 보렴."

대성이는 카마슈가 가지고 있는 창에 정신을 집중했다. 창은 정확히 2m 12cm라는 사실을 알 수 있었다.

"앞으로 너희에게는 두 가지 시련이 더 남았다."

"두 가지나요?"

"그 능력은 네게 유용하게 쓰일 거야."

"고맙습니다, 카마슈 아저씨!"

대성이는 카마슈에게 진심으로 고마움을 표하고는 마르트 신이 있을 문으로 달려갔다.

여러 가지 삼각형

 삼각형의 성질

여러분, 삼각형도 종류가 참 많다는 것을 알았죠? 직각 삼각형, 예각 삼각형, 둔각 삼각형, 정삼각형……. 그런데 아주 재미있는 사실은 여러 가지 삼각형의 각을 재어 보면, 합계는 180°예요. 어떤 삼각형이라도 세 각의 크기를 모두 더하면 값이 같다는 거예요. 이 말이 사실인지, 각도기를 꺼내서 한 번 재어 볼까요?

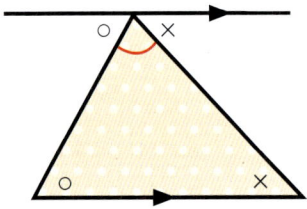 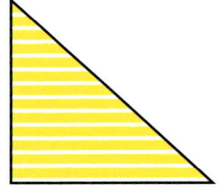

왼쪽에 있는 삼각형은 세 각이 직각보다 작으니까 예각 삼각형이에요. 각도기로 세 각을 재어보니 85°, 45°, 50°이고, 이 각을 모두 더하면 180°가 되죠? 오른쪽에 있는 직각 삼각형도 한 각이 90°라서 다를 것 같지만 세 각을 각도기로 재어서 더하면 180°가 나온답니다.

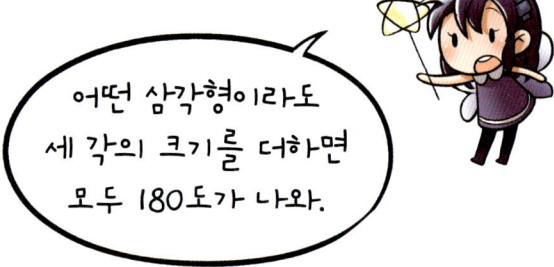

이등변 삼각형의 숨겨진 쌍둥이

삼각형 중에는 두 변의 길이가 같은 것이 있어요. 이것을 이등변 삼각형이라고 부르지요. 즉, '두(2:이) 개의 같은(等:가지런할 '등') 길이의 변을 가지고 있다.'는 뜻에서 이등변 삼각형이라고 한답니다.

이등변 삼각형은 같은 것이 두 변의 길이뿐만이 아니에요. 한 쌍의 쌍둥이가 또 하나 있어요. 그것은 바로 두 각이에요. 이등변 삼각형을 그린 후 각을 재어 보면 세 개의 각 중에서 두 개는 항상 같게 나오지요. 믿을 수 없다고요? 그럼, 여러 개의 이등변 삼각형을 그린 다음 각을 재어 보세요. 크기가 같게 나오는 두 각을 직접 눈으로 확인할 수 있을 거예요. 이렇게 이등변 삼각형에 있는 크기가 같은 두 개의 각을 밑각이라고 부른답니다.

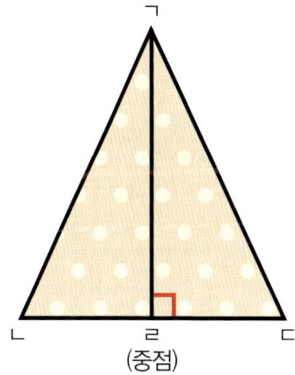
(중점)

 ### 정삼각형 그리기

이번에는 정삼각형 그리기에 한번 도전해 볼까요? 각도기와 자만 있으면 정삼각형을 쉽게 그릴 수 있어요. 원지름은 어디서 재도 똑같으니까 두 개의 원을 이용하면 정삼각형을 깨끗하게 그릴 수 있지요. 자, 그럼 아래를 따라 해 보세요.

정삼각형 그리는 방법

A ———— B

① 먼저, 선분 AB를 그려요.

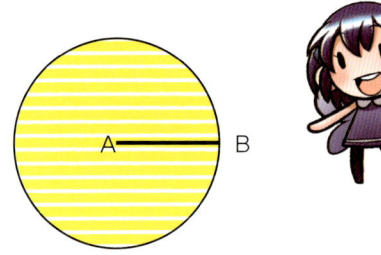

② B를 중심으로 하고, 반지름을 AB로 하는 원을 그려요.

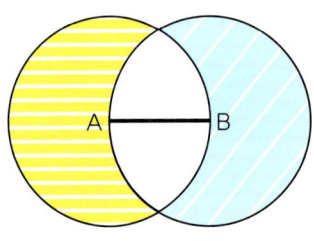

③ 이번에는 A를 중심으로 하고, 반지름을 선분 AB로 하는 원을 하나 더 그려요.

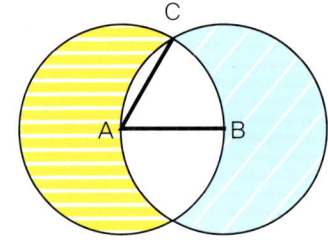

④ 두 원이 만나는 점을 점 A와 연결하고 C라고 해요.

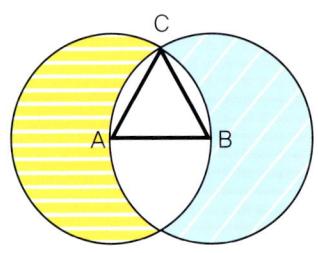

⑤ 마지막으로 점 C와 점 B를 연결해요. 정삼각형이 완성되었죠?

정삼각형을 그리는 방법, 어렵지 않지?

1 다음 그림에서 삼각형을 찾아보세요.

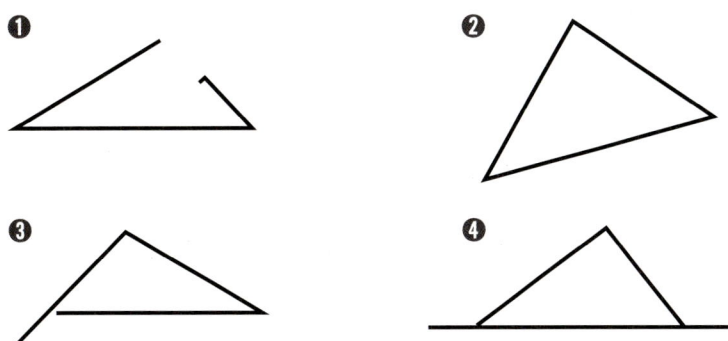

2 다음 삼각형을 이등변 삼각형, 직각 삼각형, 정삼각형, 예각 삼각형, 둔각 삼각형으로 분류해 보세요.

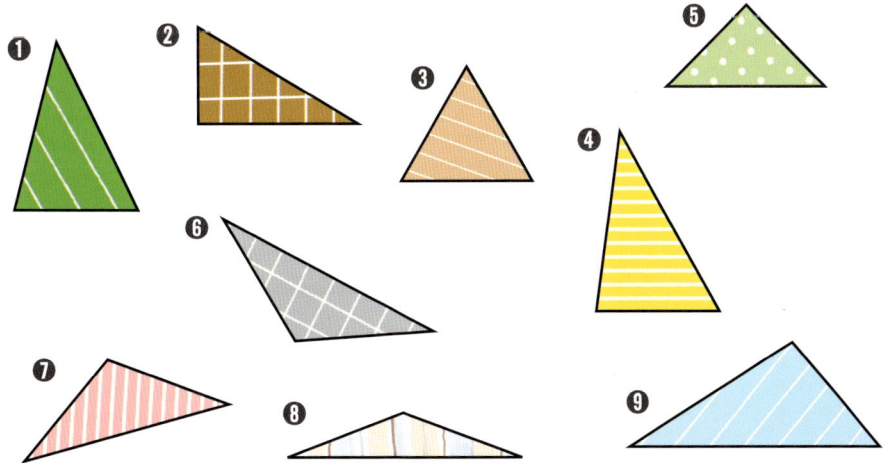

◉ 답은 175쪽에 있습니다.

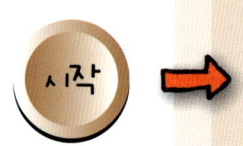

5

마지막 관문

정육면체란
무엇일까?

완전 정복 5단계 여러 가지 사각형(4~6학년)

직사각형과
마름모의 차이는?

사다리꼴은 어떻게 이름이 붙여졌을까?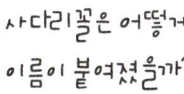

평행 사변형은 무엇일까?

마름모의 특징은?

현도와 대성이는 신전의 2층으로 뛰어 올라갔다. 2층에는 신비로운 분위기를 풍기는 여신이 두 개의 문 앞에서 두 사람을 맞이했다.

"나는 두 번째 관문을 맡고 있는 여신 라뉴미르다."

카마슈와는 달리 여신은 기계처럼 딱딱한 느낌이었다.

'어휴, 도대체 관문이 몇 개야? 시간도 없는데.'

대성이는 자꾸만 시간이 지체되어 마음이 조급했다.

"마르트 신은 인드라 신의 호위 무관으로 아무나 만날 수 있는 분이 아니다. 너희가 마르트 신을 만나기 위해서는 세 개의 관문을 모두 통과해야만 한다."

대성이의 마음을 읽기라도 한 듯 여신이 냉정하게 말했다.

"두 번째 관문을 통과하기 위해서는 뭘 해야 합니까?"

"내가 보여 주는 사각형의 이름을 맞추어야 한다."

현도의 질문에 여신이 또박또박 대답했다.

'어쩌지? 사각형은 아직 배우지 않았는데…….'

대성이는 긴장하여 마른침을 꿀꺽 삼켰다.

'공부할 시간이 조금이라도 있으면 윤이의 정리 공책으로 학습할 수 있을 텐데…….'

"너희가 각각 한 사람씩 문제를 풀어야 한다. 두 사람 모두 문제를 풀어야만 이 관문을 통과할 수 있다."

"만일 한 사람만 통과하면요?"

"두 사람 모두 마르트 신을 만날 수 없을 것이다."

그 말은 사각형에 대해서 잘 알지 못하는 대성이에게 청천벽력 같은 소리였다.

"제가 먼저 하겠습니다."

안절부절못하는 대성이 앞으로 현도가 성큼 나섰다.

"좋다. 이 원안으로 들어오너라."

"내가 문제를 푸는 동안 잘 보고 사각형에 대해서 학습하도록 해."

현도는 나가면서 빠르게 귓속말을 했다. 대성이가 공부할 시간을 벌어 줄 생각이었던 것이다.

'녀석, 나한테 화난 줄 알았는데…….'

윤이를 위해서 한발 물러섰을 거라 생각하면서 대성이는 얼른 배낭을 뒤져 윤이의 정리 공책을 꺼냈다.

'사각형, 사각형……'

대성이는 얼른 다음 쪽으로 넘겼다. 윤이가 적어 둔 첫 번째 사각형

은 사다리꼴이었다.

그러는 동안 현도는 여신이 가리킨 둥근 발판 위에 올라섰다.

막 대성이가 머릿속에 사다리꼴의 정의에 대해 집어넣었을 때였다. 현도의 눈앞에 커다란 사각 패널이 떠올랐다. 게임 화면처럼 느껴지는 패널이었다. 그 위에는 각각 모양이 다른 5개의 사각형이 떠올라 있었다.

"첫 번째 문제다. 이 안에서 사다리꼴을 골라 내거라."

현도는 진지한 얼굴로 사각형들을 노려보기 시작했다.

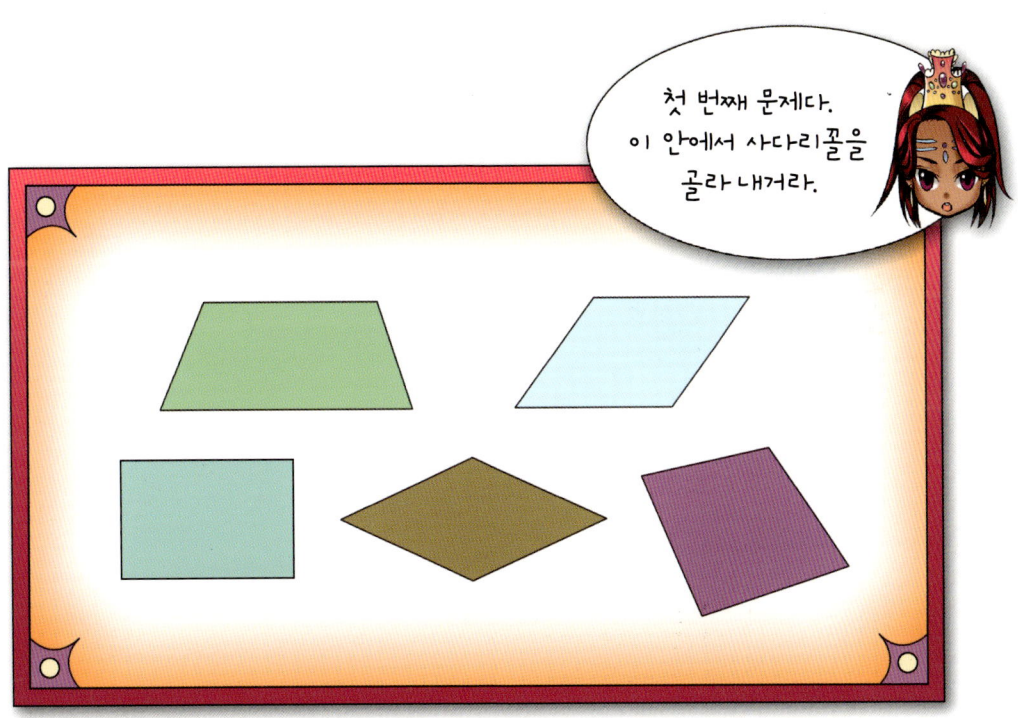

'한 쌍의 마주 보는 변이 평행인 사각형을 사다리꼴이라고 했지…….'

대성이도 현도의 시선을 쫓아 사다리꼴을 찾아내려고 애썼다. 다이아몬드처럼 생긴 사각형부터 시작해서 일그러져 보이는 사각형까지 다양한 모양이었다.

대성이는 그것들 가운데서 한 쌍의 평행선을 찾았다.

첫 번째 사각형은 한 쌍이 평행을 이루고 있었다. 두 번째와 세 번째, 네 번째 사각형은 두 쌍 모두 평행을 이루고 있었고 나머지 하나는 그 어떤 선도 평행을 이루지 않았다.

"첫 번째 사각형은 사다리꼴, 두 번째 사각형은 평행사변형, 세 번째는 직사각형, 네 번째는 마름모입니다."

대성이가 알고 있는 사각형은 사다리꼴뿐이기 때문에 다른 것들의 이름은 잘 알지 못했다.

"그래서 사다리꼴은 하나란 말이더냐?"

"아닙니다. 평행 사변형과 직사각형, 마름모 모두 사다리꼴에 속하니 사다리꼴은 모두 네 개입니다."

"그래, 네 말이 맞다."

현도는 수월하게 사다리꼴을 골라냈다.

'다른 이름도 있지만 한 쌍의 선이 평행이니 사다리꼴이라고 부르는 모양이지?'

현도의 대답으로 미루어 보건데 평행 사변형과 직사각형, 그리고 마름모 역시 사다리꼴의 하나가 확실한 모양이다.

'빨리 다른 사각형에 대해서도 알아봐야겠어.'

마음이 다급해진 대성이는 정리 공책으로 눈을 돌렸다.

짧은 순간이지만 대성이는 엄청난 집중력을 발휘하여 평행 사변형에 대한 것들을 머릿속에 차곡차곡 넣었다. 현도가 다음 문제를 기다리고 있는 동안 대성이는 마름모에 대한 내용을 보았다.

집중을 한 효과가 있었는지 대성이는 평행 사변형과 마름모에 대해 훤히 알 수 있었다.

마침 현도의 앞에 있는 사각 패널에 세 개의 사각형이 떠올랐다.

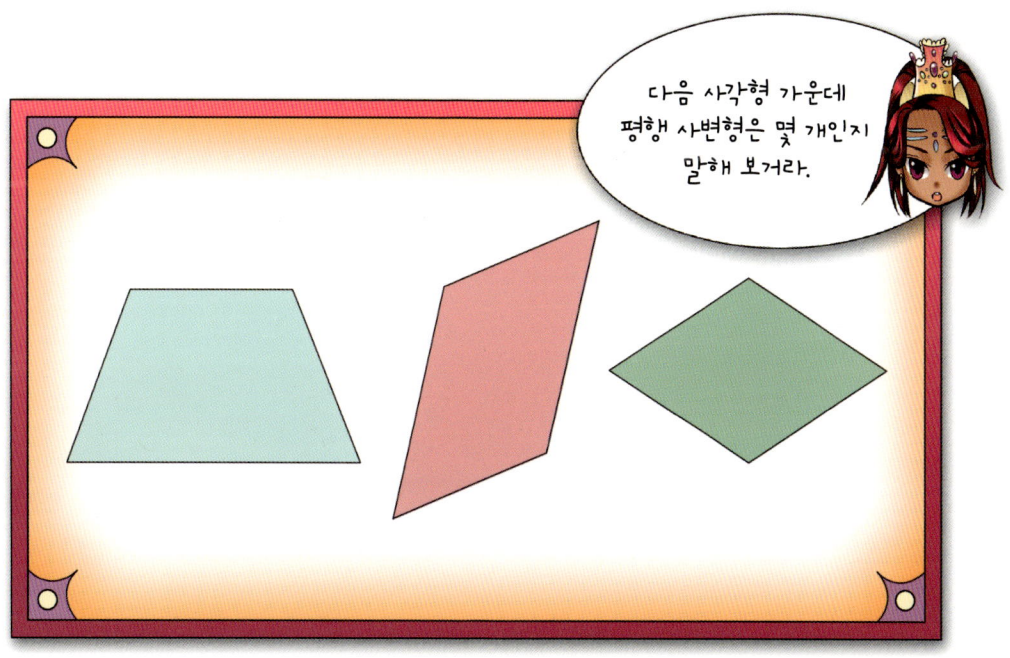

"다음 질문이다. 다음 사각형 가운데 평행 사변형은 몇 개인지 말해 보거라."

현도는 잠시 생각하더니 금세 입을 열었다.

"첫 번째 사각형은 사다리꼴입니다. 평행한 선은 한 쌍뿐입니다. 두 번째는 마주 보는 두 쌍의 선이 평행을 이루는 평행 사변형입니다. 세 번째 역시 두 쌍의 선이 평행을 이루며, 네 변의 길이가 같습니다. 즉, 마름모입니다. 따라서 평행 사변형에 속하는 사각형은 두 개입니다."

대답을 들은 여신은 흡족하게 고개를 끄덕였다.

"다음은 네 차례다."

현도가 원 안에서 물러나고 대성이가 그 자리에 올라섰다.

'난 아직 다른 사각형에 대해서는 외우지 못했는데…….'

대성이는 윤이의 정리 공책을 꾹 쥐었다. 모두 배우지 못했다고 지금 시험을 받지 않을 수는 없었다.

"너에게도 똑같이 질문을 주겠다. 다음 중 마름모인 것을 골라 보아라."

패널에 다섯 개의 사각형이 떠올랐다.

'진짜 뭐가 뭔지 모르겠네. 마름모는 네 개 변의 길이가 같다는 성질을 갖고 있었지.'

그때 불현듯 머릿속에 떠오르는 것이 있었다. 카마슈가 '정신을 집중하면 사물의 길이를 알 수 있는 능력'을 주었던 것이 생각났던 것이다. 대성이는 재빨리 정신을 집중했다.

첫 번째 사각형은 마주 보는 두 개의 변이 4cm, 다른 두 개의 변은 3cm였다. 근소한 차이지만 마름모는 아니라는 뜻이다. 다음 사각형은 길이가 모두 달랐다. 세 번째 사각형은 찌그러져 있었으나 모두 5cm로 모두 길이가 똑같았다. 네 번째 사각형은 마주 보는 변이 각각 8cm, 7cm. 마지막으로 바르게 생긴 사각형은 모두 7cm였다.

"세 번째 사각형과 다섯 번째 사각형이 마름모입니다!"

대성이가 신 나게 패널을 찍어 냈다. 여신이 제법이라는 표정으로 고개를 끄덕이더니 곧바로 다음 문제를 냈다.

"그렇다면 그 사각형 중에서 평행 사변형이 아닌 것을 골라 보아라."

'평행 사변형은 마주 하고 있는 두 쌍의 변이 평행을 이루고 있는 것이다. 마주 보는 두 변의 길이가 같고, 마주 보는 두 개의 각이 같다고 했어.'

대성이는 카마슈가 준 능력이 있어 조금 안심이 되었다. 이번에는 두 변의 길이가 같은 것을 고르기만 하면 되었다.

'첫 번째 사각형은 평행 사변형, 세 번째 사각형은 마름모이지만 모든 변의 길이가 같기 때문에 평행 사변형의 일부야. 다섯 번째에 있는 바르게 생긴 사각형은 네 개의 변이 같아. 이 사각형은 마름모이기도 하고 평행 사변형이기도 해.'

평행 사변형을 쉽게 알아보는 법

1. 평행 사변형의 마주 보는 꼭짓점을 직선으로 연결한다.
2. 평행 사변형의 모양으로 가위로 자른다.
3. 마주 보는 꼭짓점끼리 연결한 선을 따라 가위로 자른다.
4. 두 조각을 이리저리 움직여 가며 똑같이 포개어 본다.

대성이는 두 번째 사각형을 손가락으로 가리켰다.

"이게 바로 평행 사변형이 아닙니다."

그러자 여신은 고개를 끄덕였다.

"맞았다."

대성이의 차례가 끝나자 두 사람은 안도의 한숨을 내쉬었다.

여신은 현도와 대성이를 맞은편 벽에 있는 두 개의 문으로 안내했다.

"너희는 모두 두 번째 관문을 통과했다. 앞에 있는 문을 지나면 세 번째 관문이 너희를 기다리고 있을 것이다."

대성이와 현도는 각각 다

른 문 앞에 섰다가 이내 문을 따라 들어갔다.

 문은 일직선으로 된 길로 이어졌다. 앞으로 어떤 문제가 나올지 몰라 걱정이 된 대성이는 다시 윤이의 정리 공책을 살펴보았다.

 다음 학습 요소는 직사각형이었다.

 대성이는 직사각형에 대해서도 빠르게 이해했다. 모르는 문제를 받을까 하는 두려운 마음이 대성이에게서 초인적인 능력을 이끌어 냈다. 그러나 여신의 시련은 아직 끝나지 않았다. 대성이는 다음 문제에 당도

하기 전에 정리 공책을 좀 더 살펴보기로 했다. 사각형 중 마지막으로 정사각형 부분이 남아 있었다.

  대성이는 어느새 사각형에 대해 머릿속에 모두 넣어 두었다. 각각의 사각형에 있는 성질들만 잘 기억하고 있으면 사각형의 종류를 모두 꿰뚫고 있는 것이나 다름없었다. 사각형에 대해 전부 배우자 대성이는 어떤 문제를 받아도 잘 풀어낼 수 있을 것 같았다. 이렇게 자신감으로 똘똘 뭉쳐 있을 때 갑자기 발밑이 푹 꺼졌다. 깜짝 놀라 내려다보니 발밑에 있는 길이 사각형 모양으로 움푹 파여 있었다. 순간 몸이 미끄러지면서 사각 구멍 안으로 쑥 들어갔다. 마치 변기 구멍 안으로 빨려 들어가는 기분이었다.

"으아아악!"

미끄럼틀처럼 생긴 통로는 끝없이 길게 느껴졌다.

'혹시 내가 문제를 빠뜨린 게 아닐까?'

대성이는 불안한 마음에 배낭과 윤이의 정리 공책을 끌어안고 빨리 멈추기를 기다렸다. 마침내 길이 끊기는가 싶더니 몸이 아래로 툭 떨어졌다.

"엄마야!"

대성이는 눈을 질끈 감았다. 그런데 바닥이 방석을 깔아 놓은 것처럼 부드러웠다.

"아얏, 너 당장 비키지 못해!"

현도가 냅다 소리를 질렀다. 공교롭게도 먼저 와 있던 현도의 몸 위로 떨어진 것이었다. 미안해진 대성이는 냉큼 일어나 쭈뼛쭈뼛 현도를 일으켜 주었다.

"이게 마지막 문인가 봐."

'이 문만 통과하면 붉은 약초를 얻을 수 있다.'

이렇게 생각하면서 대성이는 문을 열려고 손잡이를 당겼다. 그런데 문이 움직이지 않는 것이었다. 당황한 대성이는 손잡이를 거칠게 흔들며, 밀고 당겨 보았다.

"이상한데? 왜 안 열리지?"

이번에는 두 사람이 함께 밀어 보았으나 문은 여전히 꿈쩍도 하지 않았다. 혹시 밖에서 열 수 없는 게 아닐까 싶어 문을 살피던 현도가 문 위에 쓰인 글자를 보고 소리쳤다.

"이걸 봐!"

> 이 방 안에 있는 정사각형의 숫자는 몇 개인가?

"이게 무슨 말이야?"

"글쎄, 이 방은 정육면체로 되어 있어."

"정사각형은 알겠는데……, 정육면체는 뭐야?"

"아직 배우지 않았겠구나! 정사각형으로 되어 있는 입체 도형이야. 선물 상자를 생각해 보면 알 수 있을 거야. 선물 상자는 여섯 개의 사각형으로 이루어져 있지."

선물 상자는 한쪽 면에서 보면 사각형으로 보인다. 방 안의 구조도 마찬가지였다. 천장과 벽, 그리고 바닥도 정육면체로 되어 있었다.

"이 방이 정육면체가 아닐 수도 있어. 정확한 길이를 알 수 없으니까."

현도의 말이 끝나기가 무섭게 대성이는 자신 있게 말했다.

"아냐, 정육면체가 확실해."

"그래?"

대성이는 카마슈에게서 받은 특수 능력으로 이 방의 한 면이 모두 3m의 변으로 이루어져 있는 정사각형이라는 사실을 알 수 있었다.

"그럼, 정사각형이 여섯 개……."

방 안에 있는 정사각형이 모두 6개라고 생각했던 대성이는 천장 위에 뚫려 있는 구멍도 정사각형이라는 사실을 깨달았다.

'저 정사각형의 네 변은 각각 50센티미터야. 저 통로도 정사각형이라는 뜻이지. 그렇다면 일곱 개…….'

그렇게 말하려던 순간 세 번째 관문의 각 변이 2m로 이루어져 있는 정사각형이라는 사실을 기억해 냈다.

"여덟 개야!"

대성이가 소리치자 현도는 깜짝 놀랐다. 자기보다 더 빨리 숫자를 세었기 때문이었다. 현도가 확인해 보니 정확히 8개였다.

"좋아, 여덟 개!"

두 사람이 '여덟 개'를 외치며 힘껏 문을 밀자, 마침내 세 번째 관문이 열렸다.

'이제 마지막 시험만 남았어. 조금만 기다려, 윤이야. 우리가 곧 갈 테니까.'

두 사람의 마음은 어느새 하나가 되어 있었다. 여기까지 오면서 각자 자기 길을 걸어왔는데도 서로에게 보이지 않는 신뢰가 싹터 있었다.

그때 눈부시게 밝은 빛 가운데서 검은 그림자가 나타났다. 신화 속의 무장처럼 갑옷을 입은 사내가 무서운 기세로 서 있었다. 현도와 대성이

가 조심스럽게 다가서자 사내는 눈을 번쩍 뜨면서 입을 열었다.

"나는 마르트 신전의 주인, 인드라 신의 호위 무관인 마르트 신이다!"

"엑? 세 번째 관문을 통과해야 만날 수 있는 게 아니었나요?"

"내가 바로 세 번째 관문을 맡고 있다."

"제 친구가 위험에 처했어요. 평행선 코브라의 독을 해독하기 위해서 붉은 약초가 필요해요."

"마지막 시험을 통과한다면 붉은 약초를 주겠다."

"정말이에요?"

"감사합니다!"

대성이와 현도는 동시에 고개를 숙이며 큰소리로 대답했다. 시계를 보니 시간이 많이 남아 있지 않았다. 하지만 지금부터 돌아가면 제시간에 도착할 수 있을 것 같았다.

"단 너희 중에서 먼저 문제를 맞히는 자는 붉은 약초를 가지고 돌아갈 수 있다. 하지만 다른 한 사람은 인드라 신의 회복을 위한 제물로 바쳐지게 될 것이다."

"뭐라고요?"

마르트 신의 말에 대성이와 현도는 심장이 얼어붙은 것 같았다.

"인드라 신은 바리문 악신과 전투에서 힘을 너무 많이 잃으셨다. 신의 징표를 가지고 있는 너희 중 한 명을 제물로 바치면 인드라 신의 큰

전력이 될 것이다."

'우리가 죽을 수도 있다는 것이다!'

대성이와 현도는 무섭고 두려워 다리가 후들거렸다.

"그래도 시험을 받겠느냐?"

두 사람은 선택의 갈림길에 서 있었다. 시험을 받으면 대성이나 현도, 둘 중 한 사람은 죽을 것이다. 그렇다고 시험을 받지 않으면 윤이가 죽는다.

"시험을 받겠습니다."

대성이보다 먼저 현도가 결연한 목소리로 대답했다. 자신이 죽을지도 모르는데 윤이를 구해야 한다는 신념이 더 강했던 것이다.

"좋다. 너희에게 문제를 내지."

마르트 신은 두 사람 앞에 커다란 패널을 세웠다. 그 안에는 여러 가지 형태의 사각형이 수십 가지가 있었다.

"여기서 너희가 사다리꼴이자 평행 사변형이자 마름모이자 정사각형이자 직사각형인 것의 수를 세어 답을 말해 보아라."

대성이는 지금까지 학습했던 모든 사각형을 떠올렸다.

사각형 다음으로 사다리꼴은 가장 넓은 의미를 가지고 있다. 그 다음은 평행 사변형이고, 4변의 길이가 같은 마름모와 4각이 90°로 이루어져 있는 직사각형은 서로 교차하는 구석이 있다. 그것이 바로 정사각형

이다. 정사각형은 4각이 90°로 되어 있는 면이 직사각형과 같으며 4개의 변의 길이가 같은 면은 마름모와 같다. 고로 이 모든 것에 속하는 것은 정사각형뿐이다.

　대성이는 엄청난 속도로 패널 안에 있는 정사각형의 숫자를 세었다. 정사각형처럼 보이지만 아닌 것들이 섞여 있어 각도기나 자로 일일이 재 봐야 하는 현도는 시간이 걸릴 수밖에 없었다.

　하지만 대성이는 카마슈에게서 받은 능력이 때문에 금세 패널 안에 있는 정사각형의 숫자가 7개라는 사실을 깨달을 수 있었다.

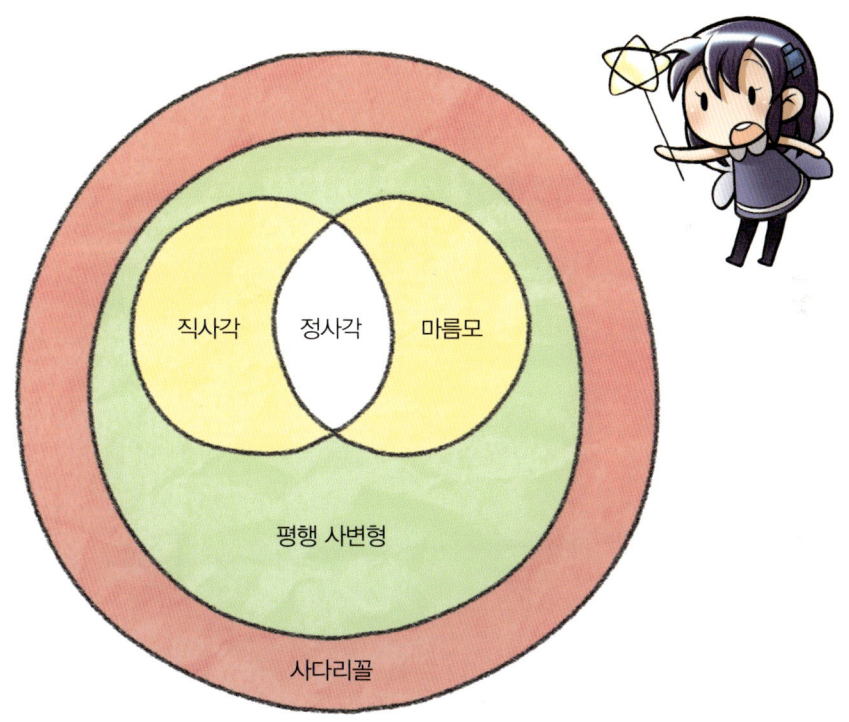

　답을 말하려고 하는데, 식은땀을 흘리며 아직 계산 중인 현도가 마음에 걸렸다.
　'내가 답을 말하면 현도는 죽을 것이다.'
　비록 싸우기도 하고 짜증도 부리지만 현도는 대성이의 친구였다. 윤이도 소중했지만 윤이를 구하기 위해 현도가 죽어야 한다는 사실을 받아들일 수 없었다.
　"일곱 개입니다."
　대성이가 머뭇거리고 있는 사이에 계산을 끝낸 현도는 주저없이 질문에 대한 대답을 했다.
　"맞았다."

마르트 신은 정말로 현도에게 붉은 약초를 주었다.

"이걸 가지고 가서 친구를 살리거라. 저 문 밖으로 나가면 히시야스 산으로 갈 수 있을 것이다."

현도는 어두운 얼굴로 붉은 약초를 가방 안에 넣더니 대성이의 얼굴을 외면한 채 곧장 문으로 들어가 버렸다.

'매정한 녀석, 어떻게 뒤도 한번 돌아보지 않을 수 있지.'

현도의 입장을 이해하지만 대성이는 홀로 남겨진 사실에 비참한 기분이 되었다.

[4권에서 계속]

각 사각형의 성질

 평행 사변형의 성질

평행 사변형은 두 쌍의 변이 모두 평행하다고 했죠? 이처럼 두 쌍의 변이 모두 평행하다 보니 독특한 성질을 갖게 되었는데요, 어떤 성질인지 살펴볼까요? 우선 자와 각도기를 가지고 아래 그림을 보면서 잘 찾아보세요.

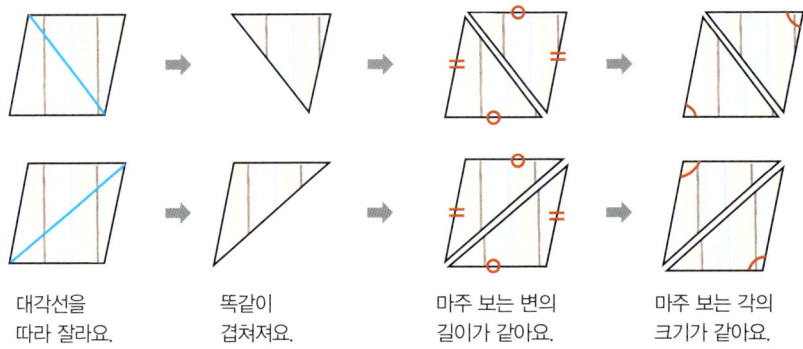

대각선을 따라 잘라요.   똑같이 겹쳐져요.   마주 보는 변의 길이가 같아요.   마주 보는 각의 크기가 같아요.

여러분이 찾은 것이 아래에 나와 있는 것과 같은지 비교해 보세요.

① 평행 사변형의 마주 보는 변의 길이는 같다.
② 평행 사변형의 마주 보는 각의 크기는 같다.

마름모의 성질

마름모는 변의 길이로 살펴보았을 때 생겨난 이름이에요. 그런데 변의 평행에 대하여 생각해 본다면 평행 사변형의 특징도 가지고 있어요. 아래 그림처럼 마름모의 한 변에 수직으로 선을 그어 그 선과 다른 면이 만나는 각의 크기는 90°이므로 평행이라고 할 수 있어요. 따라서 마름모는 아래의 성질을 지니고 있어요.

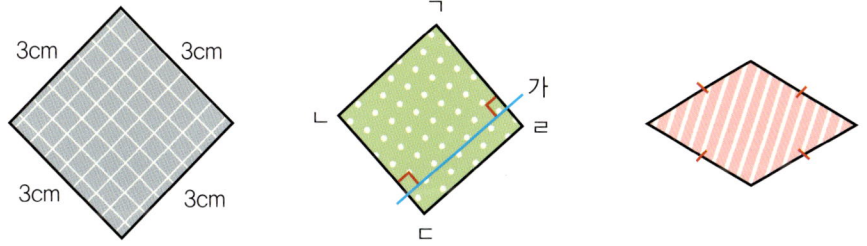

마름모는 한 쌍의 변뿐만 아니라 마주 보는 변끼리는 모두 평행이에요. 즉 마름모의 성질을 정리해 보면 다음과 같아요.

① 두 쌍의 마주 보는 변이 서로 평행이다.
② 네 변의 길이가 같다.

직사각형의 성질

직사각형은 마주 보는 두 변이 평행해요. 그러니 직사각형도 마름모처럼 평행 사변형도 되고, 사다리꼴도 된다는 뜻이에요. 직사각형에는 다음과 같은 특징이 있어요.

① 네 각의 크기가 모두 직각이다.
② 마주 보는 두 변이 평행이다.
　(②만 있으면 평행 사변형)
③ 마주 보는 변의 길이가 같다.
　(③만 있으면 마름모)

정사각형의 성질

정사각형은 사각형 중에서 가장 바른 모양을 하고 있지만 가장 까다로운 사각형이라고도 할 수 있어요. 정사각형에는 아래와 같은 성질이 있어요.

① 두 쌍의 마주 보는 변이 각각 서로 평행이다.
　(①만 있으면 사다리꼴과 평행 사변형)
② 네 변의 길이가 모두 같다.
　(②만 있으면 마름모)
③ 네 각이 모두 직각이다.
　(③만 있으면 직사각형)

정사각형은 ①, ②, ③의 성질을 모두 가지고 있으므로 사다리꼴, 평행 사변형, 마름모, 직사각형이 모두 될 수 있다는 사실 꼭 기억하세요.

1 색종이를 아래와 같이 7조각으로 나눈 다음, 2조각 이상을 사용하여 사다리꼴, 평행 사변형, 정사각형, 직사각형을 만들어 보세요.

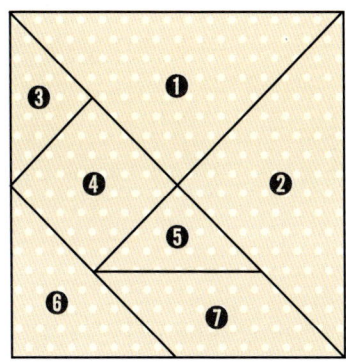

2 〈보기〉에 있는 사각형의 성질을 생각하여 사각형 사이의 포함 관계를 완성하여 보세요.

〈보기〉 정사각형, 평행 사변형, 직사각형

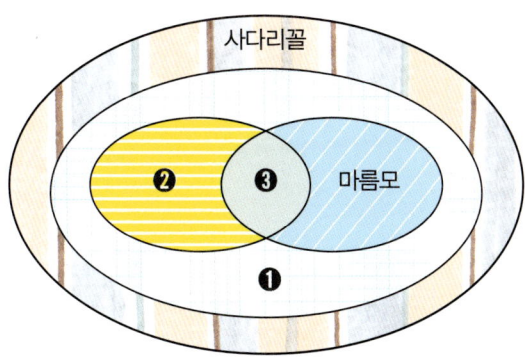

⊙ 답은 176쪽에 있습니다.

 **퀴즈? 퀴즈! 47쪽 정답**

1 다음 중 점이 아닌 것은 어느 것입니까?

   ·

2 점, 선, 면의 관계를 써 보세요.

점 : 모든 도형의 기본 요소
선 : 점이 움직여 이루어진 자취
면 : 선이 이동한 자취

3 아래 그림을 보고 직각, 동위각, 엇각, 맞꼭지각을 찾아보세요.

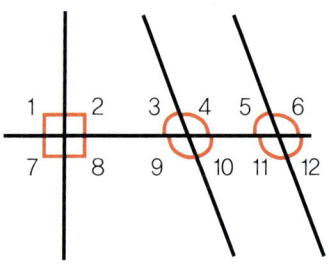

- 직각 : 각 1, 각 2, 각 7, 각 8
- 동위각 : 각 4와 각 6, 각 3과 각 5, 각 9와 각 11, 각 10과 각 12
- 엇각 : 각 6과 각 9, 각 3과 각 12, 각 10과 각 5, 각 4와 각 11
- 맞꼭지각 : 각 1과 각 8, 각 7과 각 2, 각 3과 각 10, 각 4와 각 9, 각 5와 각 12, 각 6과 각 11

 퀴즈? 퀴즈! 79쪽 정답

1 모눈종이를 이용하여 각각의 선분에 대한 수선을 그어 보세요.

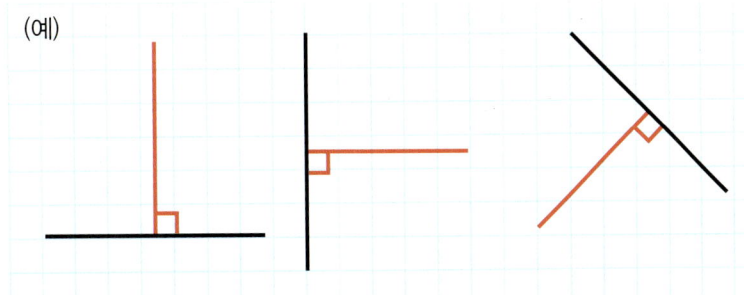

2 직선 ㄱㄴ과 평행인 직선을 가능한 한 모두 그려 보고, 알게 된 사실을 쓰세요.

알게 된 사실 : 한 직선과 평행인 직선은 무수히 많다.

3 〈보기〉에서 평행인 변을 가지고 있는 글자를 모두 찾으세요.

ㄷ, ㄹ, ㅁ, ㅂ

퀴즈? 퀴즈! 109쪽 정답

1 운동장에 2m의 원을 그릴 수 있을까요? 어떤 방법으로 그릴 수 있을까요?

그릴 수 있다.
(예시) 2m의 실을 한 명이 한쪽에서 잡고. 다른 한 명이 또 다른 한쪽 끝을 잡고 돌면서 선을 그으면, 2m의 원이 그려진다.

2 태극기 속 태극 모양을 그려 보세요.

3 캔의 둘레와 지름을 측정하여 원주율을 구해 보세요.

	캔 둘레의 길이	지름	내가 구한 원주율(둘레)÷(지름)
캔 1	예) 15.7cm	5cm	3.14
캔 2	예) 31.4cm	10cm	3.14
캔 3	예) 25.12cm	8cm	3.14

 퀴즈? 퀴즈! 137쪽 정답

1 다음 그림에서 삼각형을 찾아보세요.

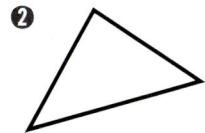

2 다음 삼각형을 이등변 삼각형, 직각 삼각형, 정삼각형, 예각 삼각형, 둔각 삼각형으로 분류해 보세요.

 퀴즈? 퀴즈! 171쪽 정답

1. 색종이를 아래와 같이 7조각으로 나눈 다음, 2조각 이상을 사용하여 사다리꼴, 평행 사변형, 정사각형, 직사각형을 만들어 보세요.

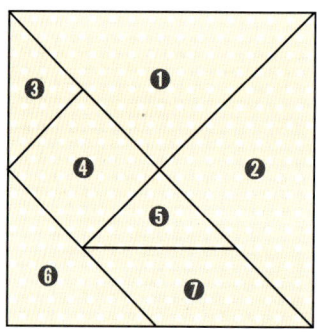

사다리꼴	평행 사변형	정사각형	직사각형
3+4 4+5 5+7	3+4+5 3+5+6 3+5+7 1+2 3+5	1+2 3+5	3+4+5 3+5+6 3+5+7

2. 〈보기〉에 있는 사각형의 성질을 생각하여 사각형 사이의 포함 관계를 완성하여 보세요.

❶ 평행 사변형   ❷ 직사각형   ❸ 정사각형